阿德勒心理学经典文丛

The Pattern of Life
儿童性格心理学

生活方式与性格的塑造

〔奥〕阿尔弗雷德·阿德勒 ⊙ 著

缪文荣　白　婧 ⊙ 译

台海出版社

图书在版编目(CIP)数据

儿童性格心理学：生活方式与性格的塑造 /（奥）阿尔弗雷德·阿德勒著；缪文荣，白婧译 . -- 北京：台海出版社，2023.1
　　ISBN 978-7-5168-3423-7

Ⅰ.①儿… Ⅱ.①阿… ②缪… ③白… Ⅲ.①性格—儿童心理学 Ⅳ.① B844.1

中国版本图书馆CIP数据核字(2022)第199945号

儿童性格心理学：生活方式与性格的塑造

著　　者：〔奥〕阿尔弗雷德·阿德勒	译　者：缪文荣　白　婧
出 版 人：蔡　旭	封面设计：同人阁·书装设计
责任编辑：徐　玥	

出版发行：台海出版社
地　　址：北京市东城区景山东街20号　　邮政编码：100009
电　　话：010 — 64041652（发行，邮购）
传　　真：010 — 84045799（总编室）
网　　址：www.taimeng.org.cn/thcbs/default.htm
E - m a i l：thcbs@126.com

经　　销：全国各地新华书店
印　　刷：涿州市京南印刷厂

本书如有破损、缺页、装订错误，请与本社联系调换

开　　本：880 毫米 × 1030 毫米　1/32	
字　　数：132 千字	印　张：7.75
版　　次：2023年1月第1版	印　次：2023年6月第1次印刷
书　　号：ISBN 978-7-5168-3423-7	

定　　价：69.80 元

版权所有　　翻印必究

目　录

译者序……………………………………………………1
导读：阿德勒与我们神经质的世界……………………5
第一章　身体的态度……………………………………1
第二章　母亲的控制……………………………… 17
第三章　通向犯罪的道路………………………… 41
第四章　想当孩子王的男孩……………………… 57
第五章　成长的恐惧……………………………… 79
第六章　叛逆的"坏"男孩………………………… 93
第七章　绝食抗议…………………………………111
第八章　追随领导者………………………………131
第九章　过度温顺的孩子…………………………145
第十章　神经症的伏笔……………………………163
第十一章　先天智力低下…………………………177
第十二章　疾病的专制……………………………189

译者序

能再次翻译世界心理学界举足轻重的心理学家——阿尔弗雷德·阿德勒的作品，我感到万分荣幸。每次翻译都能感到他将心理学视为艺术，也正是他，用大量的案例分析，以通俗易懂的语言来诠释这种艺术。这使得研究个体心理学的学者、心理辅导中心的老师、教育学家、心理学爱好者、期待超越自我的读者都可以受到启发，或在实践中得以应用。

阿尔弗雷德·阿德勒，1870年出生于奥地利维也纳。1926年之前，他主要在欧洲生活和工作，之后参加了很多国际性的研讨会，并于1934年定居美国纽约。本书的案例大部分选取了美国的实例，这与他其他案例分析的书籍中的欧洲个案是具有统一性的。因此个体心理学在一定程度上具有揭示人类行为本质的普适性。

阿德勒本人十分重视对儿童心理学的研究，因为他早年就是一个"问题儿童"。阿德勒的弟弟幼年时在睡梦中死去，而他当时就在弟弟身边；之后阿德勒在童年时又经历过两次车祸；五岁时患了肺炎；上小学期间他深感自卑、成绩总是不尽如人意……他对儿童的内心世界了如指掌，对问题儿童所经历的痛苦与磨难深表同情，因而读者总是能在他救治的儿童案例中感受到那温和的谆谆教导，以及如何将阅读病例转化成一种对艺术的欣赏。

"生活风格"是个体在一言一行中的体现，是极具独特性并因人而异的各种动机、特征与价值的集结。阿德勒视人格为统一的整体，强调人格的不可分割性；每个人都是由各种动机、特质、兴趣、价值所构成的不同部分的整体。这就决定了个体要学什么、怎样行动、怎样思考，有哪些经验要参与到他的人格塑造中去。与生活风格无关的经验将被移除、抵制和压抑。每个个体都有其独具一格的生活风格，没有两个人的生活风格是一模一样的。生活风格是由创造性的自我发展、建立而成的。阿德勒认为，这种风格在人类早年四五岁时就形成了。他还认为每个人在幼儿时期就已经形成一种生活模式，在这种模式的基础之上形成生活的主观目标，但每个人的生活模式不同，因此每个个体的主观目标不尽相同。研究心理的过程应当以个体的特殊心理经验为对象，因此阿德勒的心理学体系被称为"个体心理学"。

而弗洛伊德则把人格区分为"本我""自我""超我"这样一些不同的部分，各部分有不同的作用，执行不同的功能。阿德勒则把人视为主观与客观、意识与潜意识、个体性与社会性统一的整体，并以整体论的原则分析了自卑与超越、生活目标与生活风格、社会兴趣与创造性自我等人格特性，开创了精神分析的整体论先河。阿德勒早期跟随弗洛伊德，后因学术观点各异而自立门户，但他的观点依旧属于精神分析学派，只不过是在弗洛伊德派的原有基础之上略微小范围的突破，没有在学派上进行突破。

许多当代心理学家认为，阿德勒的理论对21世纪的心理学有深远的影响，其中包括存在主义、社会架构论、认知行为治疗、家庭婚姻治疗、现实治疗、焦点短期咨询、叙事治疗等。埃利斯（Elies）甚至认为，阿德勒已远远超越弗洛伊德的地位，可说是"真正的现代心理学之父"。

本书以人格统一的概念为主线，这也一直是阿德勒个体心理学的基本概念。正因为这种统一性，使得阿德勒在阅读儿童案例之后即能预见儿童后期的行为甚至长大成人的所作所为。读者可以在跟着阿德勒一起分析每个儿童个案之时,学习他的这种分析艺术,更深入地了解性格是如何形成的,以及这种性格又是如何影响个体的成长和未来的。这对于整个社会对问题儿童的干预、帮助和治疗来说,都大有裨益。

缪文荣

导读：阿德勒与我们神经质的世界

1

了解人类天性是一门了解人类行为动力模式的艺术。奥地利心理学家和教育家阿尔弗雷德·阿德勒为现代心理学做出了里程碑式的贡献，他告诉我们应该如何理解这门艺术的关键所在。在此次案例汇编之前，研究个体心理学方法的学者局限于在阿德勒及其学生的德国公共出版物中搜索他经手的案例。这些已出版的案例大部分只反映了欧洲的情况，对美国读者来说，他们或许会感到一头雾水。然而，个体心理学的原理和实践在其应用过程中是具有普遍有效性的，本书选取的发生在美国的案例即可证实这一点。1929年，阿德勒在社会研究新学院讲学时，成功地分析和治疗了这些临床病例，这些病例并没有经过任何事先的筛选或限制，这充分说明所有人类行为在本质上的统一性。这些病例都是来自美国各大城市的学校和儿童心理辅导诊所的典型案例，案例中的儿童有些是纽约的医生和心理学家介绍的，但大多数都是由纽约的老师带来的，这些老师对他们所负责的问题儿童一筹莫展。

阿德勒博士在维也纳时，曾为自己设立的儿童心理辅导诊所撰写过问题儿童研究纲要，这些案例或多或少都是依据这个纲要进行处置的。为了简明起见，本书并未罗列该纲要，但所有打算撰写病历并用以研究的学者都将对本书的构架了然于心。其方法大致如下：曾经研究过该问题儿童的医生或者老师根据医疗记录提供个人病例史，在没有跟儿童见面或没有事先跟老师讨论过的情况下，阿德勒博士逐字逐句地阅读病历，根据病例的身心发展情况不断地进行推测。阿德勒博士偶尔也会被医疗记录中某些观点所误导，但是在绝大部分案例中，他总是能勾勒出儿童人格特征背后的动力，并常常不可思议地洞悉孩子的内心，预测出一些结果，温和并富有同情心地与我们讨论案例中的主角。

他以侦探般的手法和策略对病例进行精神病学分析后，即可得出对该儿童的简短诊断，接着给出精神治疗方案或者指导办法的概要。在上课之前，他会把儿童的父母带到教室，向他们提问并提出指导建议，最后再把儿童本人带进来，温和、简单地向他了解情况。随后，案例分析中提到的后续工作便转由提供病例的老师或者医生跟进。阿德勒博士常常在授课期间收到这些问题儿童的进展情况，大家在课堂上会讨论儿童对治疗的反应。

然而，并不是所有案例都能成功调整问题儿童的行为。有时，即便老师和精神科医生努力改变父母对孩子的态度，但有些父母仍未能放松紧绷的神经，他们的无知和不配合使治疗走向了失败。导致治疗进展缓慢的原因还包括低迷的经济状况、病人的并发症，或是病人还原神经症初发情形时所遇到的种种困难。有些案例取得过短暂的进展，但是新情况又引发了一系列新症状，这就要求持续进行精神治疗，直到父母能对儿童的各种行为动力有更为深入和透彻的了解，或者孩子已经玩够了自己使用的神经症把戏。我们对其中一个病例采用了密集治疗和再教育的方法并取得了显著效果，但后来这个孩子碰上一个轻而易举便能打败他的古板的老师，老师的泄气话和贬低让他几天之内便打回原形，我们几个月以来的辛苦努力全部付诸东流。尽管如此，绝大部分案例还是取得了切实的进展，好些案例中的儿童已经完全改变了他们的行为模式。

读者需要明白，本书并不是一篇心理治疗方面的综合性论文，它更像是关于儿童神经症的概论以及阅读病历这门艺术的密钥。它的主要价值在于，让需要跟儿童和成年人打交道的专业人士熟悉人类行为动力模式。本书无法提供治疗的技巧，如同即便阅读了有关铜版印刷工艺中物理和化学流程的论文，我们仍然无法学会刻蚀的艺术。因此，如果本书能引导读者将人类看作行动着的、活生生的、为完成目标而在一个复杂的世界里奋力追求意义和安全感的个体，而不是贴了标签的静态机器，那么本书的目的就达到了。

2

阿德勒博士在他众多的现代心理学著作中，详尽地讨论了个体心理学的原理和方法。我们在此将阿德勒心理学原理的重要部分列出一份纲要，虽然对于已经熟读个体心理学的读者来说显得累赘，但是对于通过本书初次接触阿德勒的读者来说却十分必要。因为有了这份纲要，他们在阅读案例时就不会感觉没有关联性而难以理解。

人格统一性的概念是个体心理学的基础，但它并不是阿德勒心理学所提出的新概念或者独有的概念。早在耶稣诞生之前，希腊的剧作家便已经极其重视人格统一的概念。一位不知名的作家在儿歌《矮胖子》（*Humpty Dumpty*）中描述过这种坚不可摧的生命有机体的统一性，他宣扬所有国王的马和士兵都无法将破碎的鸡蛋再组合起来。如果没有这种统一性，阿德勒便无法在阅读案例记录之后预测儿童的行为，也没有任何其他心理学家能对人类行为做出预测。从哲学观点来说，人体内不可能同时存在多个灵魂，我们也不可能相信人类行为仅仅是由某种驱动、冲动和本能所导致的，毕竟没有人可以预测此类冲动和本能的相互影响。如果人们的行为都只是各种不可预测的能量之间盲目的交互作用所导致的偶然结果，那么系统的心理学就不可能成立；同样地，如果化学元素每天都在改变它们的化合价，化学这门科学也一样无法成立。伟大的诗人、精明的老妇人、小说家、成功的将军和商人都深谙此道，亦即生命体的统一性是理解人类行为的必要条件（sine qua non）。

阿德勒心理学的第二大原理提出单个生命体是个动态的整体，这个整体通过确定的生活方式朝着明确的目标前进。"生命的目标在于维系生命，"雷·德·古尔蒙（Remy de Gourmont）在他的《爱的物理学》

（*Physique de I'amour*）一书中写道。这目标就是生物与非生物的区别。一堆沙子是没有目标的，就算你铲走了几铲沙子，沙子的本质也并没有改变，它仍旧是沙子。但一个生命体，不论是单细胞的阿米巴原虫、蜂鸟或是长颈鹿，都拥有生活的目标，它们的整个构造和生活方式都与达成这一目标相切合。你无法消灭生物的这一基本属性，否则它们将变成由惰性细胞组成的没有固定结构的物体。

每种生物都有明确的生活方式，它们为了维持生命和实现目标，在与环境做斗争时都有自己独特的生存技巧。生活方式的复杂性视生物的变化与适应能力而定，因而人类行为方式相对于不会移动的有机物（比如一棵橡树）来说要复杂得多。从纯生物学的角度来看，那些所谓的灵魂或者心灵正是借助进攻-防御策略来适应环境、感知自我、调用资源以及维持生命的。

什么是人类生活的目标？我们无意在此撰写一篇关于人类存在的形而上学的论文。如果能从客观和冷静的角度出发，每个人要想维持自己的生命，就必须努力获得安全感和完整度。人类的目标就是延续生命。

每一种生物都有其独特的自我保护之道，像乌龟的壳、变色龙的应变能力、野兔的速度，还有老虎的凶猛与力量。人类也有独特的自我保护方式，我们称之为公共生活、社会和文明。几千年以来，人类的生活印证了这是自我保护的最佳方法。考古学家研究证明，迄今为止人类都过着群体生活——最近的考古发现,最早的原始人在一百万年前就已经过着群居生活了。

一个与世隔绝的人是不可能存在的,就好像长颈鹿的脖子不可能是短的一样。显然,每种心理学、每种人类行为科学都必须是社会心理学。个人的命运与集体的命运是息息相关的,这也是阿德勒个体心理学的基本原则。要想了解一个人,你就必须了解他在自己所属的集体中的相应地位。行为主义者试图将人隔离在实验室中进行观察,揣摩他的行为,这是行不通的,因为一旦他被隔离开来,他的言行举止便不再像个正常的人类,而更像一个笼中的动物。从严格意义上来说,他已经不是人类了。因此,要想理解所有人类的言行举止,就必须从他跟社会的相关性来分析。长在雪山上的松树,跟长在阳光明媚的山谷里的松树,其生长过程是不一样的,而人类生活环境的变化也会导致人的行为的转变。

社会生活是人类自身弱点的衍生物。群居生活也许是我们祖先能找到的最快、最有效的保护自己的方法。人类的集体生活方式起源于个体的软弱,进而发展为追求社会团结带来的相对安全感。所有的人类优势都与这种方式相一致,所有的弱点都来自孤立的危险。在生理成长过程中,我们重复着所有生物的进化过程,从单个细胞发展到拥有相互依赖的组织和器官的统一体;与此相似,个体的心理成长过程是人类心理组织过程的重演。

每一个生命在开始时都是无助、无能、具有依赖性的"寄生虫"。没有第一个社群的帮助，即父母、家庭的帮助，这个婴儿在几小时之内便会悲惨地死去。在父母的养育下，幼儿的能力和力量才得以慢慢壮大。在成长过程中，他实际上是社会的"寄生虫"，是社会把他抚养成人。

一个普通人长大成熟后就拥有了适应能力，开始为社会贡献自己作为社会一分子的力量。人与人通过多重纽带联结在一起，通过缔结这种联结关系，成熟的个体获得一定的平和感以及安全感，还有让生活变得有意义的生命完整度和真实感。人类与他的伙伴之间建立的桥梁越多，他就越感到安全。这些重要的桥梁包括了言论、常识、理性、逻辑、观念、同情心、爱、科学、艺术、宗教、政治、责任感、自立、诚实、有用性、享乐以及对自然的爱等。任何放弃其中一项社会生活技巧的人都不能称作成功的人，也无法享受彻底的安全感。

不幸的是，我们并不总是能拥有这种正常的发展模式，其原因在于幼儿的一种重要生理特征。其他物种的幼崽也经历过无助、依赖父母的阶段，但是随着它们生理上的不断强壮，心智方面也会随之逐渐强大。一旦小猫能识别老鼠，它就会追老鼠、抓老鼠、吃老鼠。然而，人类幼儿所反映出的觉察力和行动力却不成比例。幼儿会意识到他必须在食物、取暖和保护自我方面依赖母亲，他知道母亲有能力完成很多他没法做到但又必要的事情，而父亲则以一个巨人的形象出现，他身形巨大、无所不能。幼儿周围的世界依据既定法则在运转，那些奇怪的成年人带来黑暗和光明、食物和饥饿、言论、运动，他们是如此自信、机警地在幼儿的世界里活动，而这些幼儿因此意识到了自身的弱点。人类幼儿是唯一活着的能体验到自身不足之处的生物，因为他的智力比身体发育得更快，正是在这种情况下，幼儿会出现自卑感，而自卑感正是个体心理学的基石。

自卑感远不止是一种不利条件，它实际上是对人类的发展最强有力的动力。如果人类的眼力也如老鹰般犀利，我们便不会发明望远镜和显微镜；如果不是为了人们之间进行更好的沟通，留声机、收音机和电话便不会出现；人类原始感官远不如"低级"动物发展得那么好，因此调香师和大厨的精湛手艺都是对这一不足的补偿。从报纸到摩天大楼，从飞机到交响乐团，从蒸汽机到丝袜，我们的文明架构本身就是人类想要弥补自身不足这一原始需求所导致的结果。

在这个宇宙中，每个人的身体和生理条件都一样，每个人都感到自卑，因此这并不是个人的问题。人类历史充满着征服自卑感的记录。就社会贡献而言，天才也许只是一种补偿个人缺陷的冲动表现形式，天才的每一件作品都标注着这种社会效用。在谈论天才时，我们往往淡忘了那些籍籍无名的人，正是这些人发明了杠杆、轮子、斧子、能弹奏的芦苇、纺织、写作等，但我们却仅仅记得那些只是把这些发明用新形式整合起来的现代天才。人类天才的真正历史其实是山顶洞人为生存而奋斗的故事。

每个人都有能力将自身的缺陷转变为对社会的贡献，但对我们的社会略加观察便可发现，只有小部分人有勇气开展这种补偿性活动。我们这个世界的神经症患者的人数要远远超过天才的人数。我们并没有成功地进行社会有用性补偿，对此我们该如何解释呢？

很不幸的是，人类在进行社会调整和贡献有用工作时都碰到了很多不利于开展最优补偿自卑感的因素。第一种强化儿童自卑感，最后将其具体化为自卑情结的因素是生理上的缺陷。如果一个婴儿除了有人类普遍的弱点之外，还有一种器官缺陷，那么他在追求人生意义时便会愈加困难。这种缺陷可能是某种器官的缺陷，抑或是生理系统的缺陷，但也可能只是某种生理上的不适，从医学角度来说不是大问题，但是从社会角度来看却让人尴尬，比如肥胖、瘦弱、白化病、黑痣、红头发、罗圈腿、毛脸之类的。长得丑陋便是说明这种观点的例子，可奇怪的是，长得漂亮的人最后也有可能形成自卑情结，因为漂亮的孩子认为他的美是这个社会要求他做出的唯一贡献。

第二种强化儿童自卑感的因素与个人的社会、宗教和经济情况相关。任何以社会、宗教或经济来划分的少数群体成员都会体验到更强的自卑感，因为这个世界给他们带来了额外的困难，他们也更多地与污秽、罪恶和犯罪相联系在一起。然而，那些超级富有的人也可能会面临灾难性的问题，因为在富裕环境中长大的孩子通常缺乏必要的工作动力。

第三种强化儿童自卑感的因素有可能是家族。这个群体十分重要，没有孩子能免受其影响。独生子的自卑情结源自他在家庭中的不正常的重要性以及缺乏社会适应性方面的训练，他一生都在寻找年轻时失去的乐园。家里的老大也曾经是独生子，之后他的地位被小一点的孩子取代了，"下台"之后，他可能会倍感气馁，以至于再也没有足够的勇气来客观地应对生存的问题。尽管次子在同一屋檐下喝着同样的奶水长大，跟老大共用一间睡房，但他却面临着完全不同的处境：他前面总是有一个带头的，他只能奋力追赶老大，有可能因用力过头而沦为叛逆儿童。而作为老幺的孩子，可能因为害怕与成功的、比他大的孩子竞争而退缩。家里女孩多的独子、男孩多的独女都可能会因为这种独特的地位而感到气馁。处在家庭中每一种地位的角色都有自己需要面对的危险，这是个体心理学学说的一个重要观点。个体心理学是第一种指出家庭中孩子排序的重要性的科学，但没有任何一种地位会迫使儿童成为神经症患者。

性别本身可能也是加重儿童负担的复杂因素。我们生活在一个由男性主导的文明社会中，这种文明夸大了男性价值和行为。尽管有科学证据来反驳这一点，但是人们仍然认为女性是低等性别。这一偏见的谬误都已经被显微镜和机器击碎，但它仍旧存在于传统观念中。每个女孩因此也承担起了证明自我的额外负担。"她只是个女的"这一观点常常使得她无法按照自己的选择正常发展。

然而，重男轻女这一偏颇观点对男性来说也有害处。很多男孩因为自身不足为奇的缺陷或是其他让人气馁的缺点而感到万分沮丧，他怀疑自己是否有能力成为一个"百分百的男人"，从而一生都在逃避作为男性应该承担的责任。婚姻的不和谐、离婚、儿童性侵犯的增长都是我们过度强调性别差异而导致的不容忽视的后果，我们永远都在现代生活中奋力为自己的性别争夺声誉。

就像我们早前指出的一样，人的发展过程可以划分为两个阶段：首先是个体化的阶段，个体在以牺牲环境为代价的过程中成长；之后是适应社会的阶段，我们通过对社区做贡献来延续个体化进程。如果没有融入周围的成人环境，也没有正确引导儿童开展人类社交，那么儿童是不可能自然而然地进入第二阶段的。开始融入社会这一行为通常是由儿童的母亲这个中间人来引导他完成。

母亲是第一个教会孩子与社会接触的人，母爱是对孩子的第一个社会性认可。一旦儿童意识到自己受到另外一个人的认可，他便会开始去适应社会生活。他在自己的生活环境中意识到母亲（不一定是生母）是第一个他可以完全信赖的人，他便可以继续向适应社会这个目标前进。

母亲显然具有双重功能。母亲在第一阶段帮助孩子顺利地融入世界，适应自己所处的位置，她在第二阶段开始鼓励孩子培养自己的能力并与其他人和谐相处。很少有人可以完美地扮演母亲这个角色，人们诸多的生活方式可能都来源于母亲的错误，有好几种典型的错误造就了一些明显有"问题"的成年人。

尽管现在人们不再像以前那样残忍对待儿童了，但是在这个年代，很多母亲要么忽略，要么憎恨自己的孩子。私生子、长相丑陋的孩子、弃婴往往在长大后表现出反社会的人格特征，这是因为他们的监护人对他们不理不睬或者没有教会他们与周围世界和谐相处。不难理解，很多罪犯都是来自贫困人群，在这个群体中，忽视与憎恨以及由于贫困引起的丑陋和疾病是十分普遍的。这些儿童在贫民窟里学会鼓起勇气，独立生活，但是他们的勇气是反社会的虚假勇气。

这些儿童不应该对自己的犯罪行为负全部的责任，因为社会并没有让他们在母爱的温暖下成长，他们也没有机会发展社会情感和体会生活的意义。尽管他们就与我们生活在同一个世界，但是他们感到自己受人憎恨，感到自己是生活在敌人世界里的间谍，是让人捉摸不透的年轻异类。现行社会构架只允许部分人享受机会，而拒绝其他人获得成功，在他们看来，这种社会构架就像贪婪的恶龙，因此他们可能会以武力来对付它。

养尊处优和娇生惯养的儿童是另一种更常见的类型，他们在几岁之前都是在炽热的母爱中成长，但过度的溺爱却在生理上谋杀了孩子。大部分母亲在履行自己的第一功能，也就是帮助孩子融入世界时，都出现过度溺爱孩子的现象。她们处处照顾孩子，证明自己对于孩子来说是不可或缺的，因此孩子永远也培养不出独立思考和行动的能力。如果孩子永远都是童话里的王子或者公主，那么孩子带着满满的母爱开始融入社会也未尝不可。但不幸的是，这是不现实的。我们的文明世界要求每个人都做出最大贡献，最大可能地适应社会。文明世界给予个人的回报很少，但会迅速惩罚那些获得机会却没有以"红利"来回报社会的人。

被娇惯的儿童在某些方面和受人憎恨的儿童以几乎同样的方式来对待这个世界。他自己也是个受敌视的外来人。他刚刚来到这个世界的时候，处处都是欢迎他的喇叭声、动听的赞美之词、簇簇鲜花和进入这个世界的钥匙，长大后他才发现自己被骗了，他意识到自己之前受到的热烈欢迎和现在摆在他面前的任务没有任何关系。父母不应该采用过度娇惯、过度关怀、过度保护等不正确的方法，因为它们会导致儿童无法做好准备去处理未来生活中要面对的社会问题。对孩子的憎恶和娇惯都会增强他的自卑感，使他今后在适应社会生活时面临更为复杂的问题。在现代社会里，我们在情感上过度强调孩子的无助感，也许是造成错误的生活方式的最大原因。

儿童通常在五岁或者六岁时便形成了自己的生活方式。也就是说，一组特定的情境会使孩子的自卑具有特定的个人色彩，并通过特殊的生活目标彰显出来。除非个体通过后期的教育或者环境的突变获得深刻的见解，否则这种处于最初的自卑感和最后具体化的目标（亦即安全感、自身完善和优越感）之间的生活风格将会像永远不变的河流一样延续下去。

个体很少能从生活经历中学习，而能从生活经历中学到东西的人，也能改变自己的生活风格，要做到这样必须先学会客观审视自己。这是一门艺术，它很难自发习得，通常源自外部影响或者教育。大部分人都能把自身经历整合到自己已有的生活风格中，他们不由自主地就这么生活着，我们童年时的自卑感，以及在未来人生中为了弥补自卑的不足而追求的生活目标，多少已经预先决定了我们将会经历什么。只有那些完全了解自己生活风格的个体才能在必要的时候改变自己的目标，辨别自己行为举止的好坏，也可以说他掌握了自己的命运和灵魂。个体心理学的突出贡献是帮助我们理解自己的目标和风格，以及如何做出改变，这样至少可以减少神经症病人所犯下的严重错误。

优越感的目标形成之后，每个个体都在现实允许的情况下，最大限度地直接去实现自己的目标。为了完成目标，我们每个人都应选择适当的工具和适当的价值观标尺。我们把这些工具称为个性特征，把整个工具统称为人格。人格特征可以看作个人为了达到他的人生目标而选择的所有工具和器械。其他心理学体系中常常使用的"人格分裂"理论只能算作编造的谎言，这种体系描述的只是某种精神现象，却无法说明它的成因。人格是一个统一体，就像我们在本文开始所讨论的那样，看似"人格分裂"的现象只不过是在应对不同情况时选用不同工具而已。例如，证券交易员有一天扮演"牛"，第二天却扮演"熊"，我们也不能因此就认定他人格分裂。他的目标和风格仍没变：挣钱。只是他换了一种工具而已！

个体根据自身不同的生理状况、环境、生活的年代以及所遇到的困难而选择特有的工具，因此我们有各式各样的生活风格："实干家"一样的进取，或者是圣人般的顺服。或许墨索里尼（Mussolini）和圣雄甘地（Mahatma Gandhi）追求的目标是一致的，但时代和环境却迫使他们选择了大相径庭的实现方式。儿童的生活风格通常都是由父母的特殊兴趣而决定的。牧师的儿子是罪人，律师和警察的儿子是犯人，这些都不是偶然发生的。受父母压迫的叛逆孩子会迅速搜索出父母的心理弱点，然后对父母的方式给予致命的打击。在某方面特别有天赋的哥哥会迫使弟弟选择不同领域开展活动，从而避免与哥哥在同一领域一争高低。如果有一个孩子追随父亲的模式,那么另一个孩子为了跟其争夺家庭声誉,只能被迫选择母亲作为其理想模范,在贬低第一个孩子的发展模式的同时,第二个孩子沿着自己唯一的途径来构建他的安全感和完整度。

个体就以这样的方式建立起他的认知系统,并运用这个系统来检验他的所有生活经历。个人便如此人为地创建了一套价值尺度,并借此来衡量他的所有经历。普罗克拉斯提斯(Procrustes)的寓言和他那臭名昭著的"床"是最适合评价这一认知系统的。他用床来衡量拜访他的人,如果谁太矮了,普罗克拉斯提斯就会拉长这个倒霉的人,直到他跟床一样长;如果谁太高了,他就把这个人的脚砍掉。每一个人都将自己放到普罗克拉斯提斯的床上,以此来测试自己的认知系统。我们由此可以洞悉为什么人们经历相同的事情却会产生不同的思维后果。我们再使用另外一个类比来说明:世界大战使一些人变得残酷,一些人成了炮弹休克症的神经症患者,一些人成了热心而积极的世界和平维护者,还有一些人因生活风格、性质使然,根本不为所经历的事情动容。

个体心理学是一门运用比较的方法进行研究的科学,而不是中规中矩的标准体系。不是包治百病的灵丹妙药,不是能拯救个人的简单公式,但它能提出相对适用于我们这个时代的准则,我们可以据此来比较我们称之为神经症患者、犯人和精神病患者的行为。如果真要列出一个准则的话，那就是个体将"做一个完整的人"作为生活目标和个人生活风格，他将通过为社会做出有价值的贡献以弥补自己的弱点和童年生活的不足。这类人会拥有诚实、真挚和责任感等品质；当他长大后，他的社交网络也随着扩大，他的有用性适用范围会更广，他也会变得更加镇静自若，也更有勇气。他在行动、判断和服务社会方面都变得独立，但他的活动也完全依从于他所处时代的社会需求，在追求人生意义的时候没法兼顾虚荣和野心的需求，他会在为人类谋福利的时候很巧妙地表现出来。他将会向异性同事表达自己的尊敬与欣赏，他不仅平等地承担工作量，还与他们共享人生的特权。

尽管这是很简略直接的准则，但显然大部分人还是远远偏离了这个准则。只有少数人将人性和人文主义视为自己的人生目标。很多人将他们的人生目标公式化为："我一定要受万人瞩目""人人爱我""我想成为一个百分之百的真男人""我无须付出太多便能获得所有的幸福快乐""我必须保护自己，防止受周围人的伤害""我要逃避所有责任，回到我小时候的天堂""我想一生都做个小宝宝""我必须用知识控制我周围的环境""我一定要病恹恹的，这样社会就会照顾我一辈子"，或者"我一定要躲开所有危险"，以上所述以及其他上千个类似的生活目标都是个体对儿童时期做出错误评估而导致的后果。儿童越是在早期感到自卑，他长大后就越会追求更多方法来弥补自卑，从而拥有优越感，甚至越想成为像神一样的存在。生病的孩子希望有完全健康的体魄，穷孩子希望成为有钱人，近视的孩子希望把整个世界看清，愚笨的孩子希望变得灵活自如，受人憎恶的孩子要求得到超出人类范围的"额外"的爱，无能的孩子的目标就是想变得无所不能。个体慢慢意识到权力和安全感都是伴随着自己的成长而来的，可是在这之前他的个人目标早已设定，这个目标往往是人们的渴望和活动范围无法触及的。

个体当下和以后的人生道路中都会找到一种方法，使他主观上认为自己已经完成了目标。到这个时候，这种技巧有可能升级为第二目标，最终也许会发生手段支配目标的现象。个体此时已忘记了初衷，只会在今后的日子里愚蠢地重复使用他最爱的工具，放大这一工具的功效，致使他无法成为一个正常人。例如，被娇惯的孩子感到已经失去了充满母爱的乐园，他在几岁前的目标就是做个任性的受宠的婴儿，现在他患了重病，父母都围着他转，就像他小时候那样关心他、照顾他。这一经验教会他生病的价值，生病意味着权力，是实现他理想的途径，因此他把生病视为第二目标，在面对新任务、新决定、新困难或者新障碍时，他都会采用这种办法——生病。

这样将一种手段（还常常是没有价值的手段）提升为人生目标的方法十分可悲。个体已经失去提升自己内部真正能力的正常机会，正是这种能力才会给予他客观存在的安全感。采用这种手段带来的有效性是危险的,因为这样的人很清楚一点,他用自己所执着的"生病"工具所获得的主观安全感是虚假的,他内心想要加倍重复他的疾病以增强效果,但他深受这种行为的折磨。他最后会陷入自怨自艾的泥沼中,不仅失去了跟这个世界的联系和真正的价值观,还失去了生活的乐趣。每个神经症患者最终都会为逃避生活责任而付出高昂的代价,而这远远超过了他应该承担的责任,这就是神经症患者的悲剧所在。神经症患者生活在无尽的恐惧之中,时刻担心大家会发现他无意识地使出的伎俩。他害怕活着,也害怕死去。他成了活着的尸体,怕自己处于害怕之中。

一个摔断腿的人不去参加赛跑是不需要理由的,但是一个神经症患者却要究其一生来为自己辩护,为自己对生活感到乏味、自己的责任、失败、犹豫不决、拖延、过分谨慎、虚荣、野心或者自怨自艾而辩护。每个人都会意识到作为人的重要性、为人类社会做贡献并与大家合作的重要性,有人称之为良心,有人说这是超灵(oversoul)。名称不重要,重要的是神经症患者不断地为自己的失败而辩护,这就证明了它的存在。每个神经症患者都是故意地(常常都是无意识地)制造和安排了"我做不到"来代替"我不愿意做",因为"我不愿意"会引起社会的批评。"我做不到"不仅为神经症患者做出了很好的辩护,还把他失败的责任归咎到集体,同时患者加强了自己的主观意识，认为自己是无辜和免责的。神经症是一种自欺欺人的手段，患者用痛苦的托词取代了自己本应该做的有用工作。

成年神经症患者在孩提时期便开始有"问题"了。每个"问题"儿童都是潜在的神经症患者，但"问题"儿童只能在"问题"环境中长大。也就是说，他们只是对恶劣环境做出了正常的反应而已。那些对人类本质越是无知的地方就越会滋生"问题"儿童。心理卫生要解决的整个问题都是关于教育的问题，而这个教育问题则一直是阿德勒运用自己的理论，即防止儿童的不正当行为理论，来勇敢抨击的。这是阿德勒对当代社会的巨大贡献：其他精神病学家意识到神经症源自童年，而阿德勒创建了一种方法，不仅可以调查这些孩子童年时期的不正当行为，还能让他们摆脱这种行为。个体心理学因此超越了其精神疗法系统的初始范围，还为社会学和教育学奠定了里程碑式的基础。

儿童神经症是在何时何地发生的呢？其实我们可将错误的生活风格所导致的挫败感视为神经症。换句话说，当个体误解了自己的自卑情形，便会下意识地建立起过度补偿的风格。这种风格破坏了他生活中的现实规则、客观性、社区生活，还碰到了现实中无法逾越的鸿沟，因此个体便建立起新的风格，这种新风格就是他的神经症，这表示他不仅要为自己无法解决问题而辩护，还要在心理上绕开它。他有时候会建立起一种风格,让他的幻觉系统全盘否定障碍的存在。此外,神经症患者试图还原过去的境况,因为以前这些问题和障碍都不存在;又或者他会报复,向那些他认为应该为自己的失败而负责的亲近的人报复。

我们可以通过几个童年时期便患上神经症的病人来了解这种病因。有一个独生子,六岁之前都是在父母的娇宠和精心照料下长大的,他时常有消化功能方面的问题。他第一次去幼儿园的时候就在适应环境方面出了问题。实际上,他之前的生活环境让他对适应新环境毫无准备。他的生活风格就是控制周围的一切,而幼儿园生活恰恰是他碰到的第一个挫折。以前只要大人们没有按照他的意愿行事,他就会绝食,父母只好立马缴械投降。绝食是他的神经症的前身,因为这个孩子错误地使用了器官上的缺陷来对父母进行抗议,最终使父母屈服。当他要像一个普通成员一样跟幼儿园里的二十个孩子一起玩耍时,他遇到了无法解决的难题,他将继续使用消化系统的"器官语言"来抗议,从此每天早上都在学校的台阶上呕吐。我们如果能从起源、目标、达成目标的手段方面去了解他的行为,问题便可以理解了。幼儿园不可能唯他独大,在适应的过程中他就得想办法重现之前那些有利于自己的情境。

另外一个男孩子,是一家之中的长子,后来有了个妹妹,妹妹长得很漂亮,又很讨父母欢心,最终取代了他,成为家里最受欢迎的孩子。男孩并不了解情况,但是他感到自己从王位上被女孩拉下来了,之前更喜欢自己的母亲也背叛了他。男孩逐渐在这个过程中设立了自己错误的目标:"你一定要小心女人。她们都虚伪得很。每个女人都是你的敌人!"在孩提和少年时期,他下意识地为了追求自己的目标而残酷地戏弄他认识的所有女孩,蔑视所有女性,拒绝跟女老师合作,过度强调自己的男性气度。他的普罗克拉斯提斯思维在辩证过程中变得具体化了:"男性=好;女性=差。"等到少年时期,他已经建立了一个复杂的系统,错误地评估女性以及她们在生活中扮演的角色。

另一方面,他也可能将自己的性成熟视为另一种控制女人的工具,可能会变成真人版的唐璜(Don Juan),致力于通过征服女人来证明自己卓越的性功能。依照后一种生活风格,他可能觉得性交是征服伴侣的方式,而在这种与女性的关系中他可能体会不到任何乐趣。这类男人仅对"追求"感兴趣,却不在乎婚姻。

现在让我们来举一个老幺的例子:他在一个大家庭出生,哥哥姐姐都很成功,适应能力很强,老幺只要一想到要跟哥哥姐姐竞争便感到恐惧,于是他为自己建立了一个幻想和梦想的世界来取代困难重重的现实世界。他不敢和其他孩子接触,因为他深感自己的无能。他建立了一个童话世界,有自己的语言以及个人价值观和理念。因为没能力与其他孩子来往，他便自己幻想出一个玩伴。他不会使用其他人的语言，因此发明出了自己的语言。人格分裂的幻想对于这个孩子来说非常必要，因为没有人能真正地遗世独立，接下来的日日夜夜里，如果这孩子还是没办法跟其他孩子沟通，他就会创造自己幻想的伙伴，这些伙伴让他感到安全，接受他的所有要求，符合他理想世界的标准。

当这个孩子在学校遇到困难，或者他努力追求人生意义的道路因青少年时期的紧张和压力或疾病而复杂化时，他会慢慢发展出一种隔离、消极、无法与外界沟通的生活方式；可另一方面，他的内心生活却极为丰富，这都不足为奇。这些孩子一部分会逐渐融入生活，成为诗人、幻想家、戏剧家、作家，偶尔也有哲学家和心理学家，但更有可能发生的情况是，如果他们有不明原因导致的身体缺陷，问题则会变得更加复杂，他们会成为我们医院里早发性痴呆大军中的一员。

许多学者都描述过一组有趣的症候群，其中包括了精神分裂、人格分裂、失语症、自创语言、消极主义，研究人性的学者都能理解这些概念，他们都认为"绝望"是这些症状的共同表现。一旦医生理解了早发性痴呆病例的整个逻辑就会恍然大悟，病人其实是朝着孤立和不负责任的目标坚定不移地步步迈进，以前人们认为这是永远无法治愈的疾病，而现在这种观念将不攻自破。只要医生比病人更抱有希望,很多早发性痴呆(精神分裂)病例都是可以治愈的,就像阿德勒列举的案例那样。如果认同病人的无望,"好像"病人的推断是正确的,便可印证以上(不可治愈的)假定。

3

即便是以最简洁的方式,我们也没办法罗列出人类的各种生活风格,但我们可以描述每个人必定要面对的困难,因为人类与宇宙之间的互动必须面临三个问题:社会问题、工作问题和性问题。

第一个问题源自人类社区生活的生理必然性。每个想成为正常人的人都必须与其他人类同伴缔结共同的纽带,譬如言论、理性、共识、同情心等。社会是因为个体的利益而存在的,这是用来保证个体能全面发展与生俱来的才能和能力的最佳方式。第二个问题是工作问题,这个问题起源于每个人都必须维护社会结构。个人应该对社会付利息,这种利息我们称之为有用的工作。第三个问题来自人类的两性特征,在爱与婚姻的社会条件下可以最好地解决这个问题。爱和婚姻的外在形式根据时间和地点有所不同，但不管在哪里、不管在什么时候，它们总是跟社会福祉有着明确的关系。

这三个问题可与有三个表演场的大型马戏团相比较，我们之中的每个人都必须按照自己的角色来表演。这些问题并不是某个人的事，而是每个个体都应审慎对待的问题。人类社会能独立存在是因为集体和个人在互惠互利之下做出共同坚守的贡献。但是就像其他马戏团一样，我们还面临着宇宙之下的其他很多穿插表演，有些和主场很近，有些则很远。看过喜剧的观众会发现，很多人都积极参与名目繁多的穿插表演，他们似乎比那些在三个主场中表演的演员更狂热。这些参与穿插表演的演员就是神经症患者和精神病患者，他们用极度活跃的表演来欺骗自己和周边的人，他们展现出善意、彻底的无助、不负责任的表现、极端行为，借此为自己逃离主场而辩护。

不要以为这些做余兴表演的演员是在恶意逃避他们生而为人的义务。他们对所有人类行为的内在一致性一无所知，因此他们才会将自己的社会无用性生活风格延续下去。他们热切地观看着生活中更大的主场表演，对那些舞台上的挑战毫无准备，却试图为自己无法适应环境而推脱责任。我们经常听到这样的话，"如果……我就会……"，以及"我知道，但是……"，他们的整个神经症症状通过"如果"和"但是"表现出来。他们保留意见，制造了无法完成任务的条件，然后无所谓地耸耸肩，之后他们的伙伴就会担负起照顾他们的责任。

神经症的第一阶段是由阿德勒称之为"犹豫不决"的一组症状构成的：怀疑、犹豫、拖延、悲观、轻视生命、焦虑、过分谨慎、超常的野心（总是对个人权力或控制权野心勃勃）、隔离、冷漠、异常疲惫、没有耐心，以及其他类似的显示出犹豫不决态度的特征。所有人类行为都是有目的的，我们因此可推断出这些特征的目标是什么。我们不应将怀疑、摇摆不定、懒惰视为特征的静态描述，它们实际上都是巧妙实现目标的动态工具：逃避生活的检验；缓慢地解决问题，拖延到最后直至无法解决；跟他人的正常活动保持"距离"。当正常状态和神经质症状重合而不可区分时，这种远离普通目标和人类行为的"距离"的程度是判断神经症严重程度的唯一标准。

很多人或多或少为了三斗米而不得不解决工作的问题，但在这个问题上的余兴表演也不计其数。像乞丐这种人就错误地活在周围人的同情中，他们毫无疑问地被视为进行余兴表演的艺术家。皮条客和妓女为了金钱而扭曲自己的性功能，所以他们也属于这个范畴。"诈骗"的人、罪犯和所有不为人知的世界里的各色人等都靠自己的小把戏，靠欺骗他人生活，他们从未意识到工作不是一种诅咒而是个人救赎的方式。那些经常换工作的人、那些从未坚持做一项工作并为之贡献的人、那些无法适应普通工作条件的人、那些剥削他人的人都是不快乐的，他们从未理解工作的意义和价值。为了消磨时间而打桥牌、玩麻将、闲聊的女人们，不相信自己的能力转而崇信"运气"的赌徒们，还有那些靠着他人的贪婪和无知而获利的人，这一大群人都缺乏勇气来面对生产劳动、为人类福祉做出贡献的问题。

在这个人们相处越来越紧密、合作日益密切的世界，与人隔离基本上是不可行的。只有那些堵塞了人类沟通桥梁、精神失常的人才能有效地将自己隔离起来。就像我们之前讨论过的，个人与社会之间的理想社会联系基于在个人范围之内尽力建立起的多个与同伴沟通的桥梁。人唯一能获得的安全感来自周围人的善意。因为我们教育的失误，使得很多不快乐的灵魂在自己周围建了很多围墙，他们通过与自己的同伴相隔离而获得安全感。归根结底，孤立或隔离的方法就是势利、固执、憎恨、猜测、嫉妒、羡慕和自我的表现。优越的阶级意识、骄傲、虚荣、愤世嫉俗都是自我中心孤立的倾向，没礼貌、学究式的挑剔、忧郁、粗俗、炫耀的表现都让个体很难适应社会，这些都是社会生活中的余兴表演而非主场表演。

相对来说，我们这个时代对性问题的教育难以适应性问题的正常发展，我们仍旧生活在性别对抗而不是性别合作的世界里，因此解决性问题的需求不如解决个人生活这么急迫。好的解决方案需要高层次的社会感情，有关这一主场方面的插曲表演可能比其他两个主场的表演更多，我们无法在此文中列出完整的分类。

某个心理学体系提出过一个观点，即所有人的问题都是性方面不协调而造成的，而所有神经症都基于性功能失常这一观点，对此我们并不意外。研究阿德勒心理学的学者可以迅速找到这种心理学体系的谬误。性行为永远不可能是造成神经症或者精神失常的原因，它只是这些症状的表现之一。这常常是神经症的首个迹象，只要对个体行为的整体风格仔细进行分析，了解他在生活中的目标以及观察他实现目标的方式，我们就会发现他在社会和职业生活中也存在神经症迹象。

4

个体心理学的治疗是基于它的哲学前提之上的。对神经症的"治疗"是一种艺术，它让患者对自己的错误有深入的认识，让他意识到他采用逃避的方法是无效的，还要鼓励他建立更美好的目标和风格。这就意味着精神科医生洞悉了主导神经症患者的隐藏目标，追溯病人无意识风格的形成过程，寻找他的认知方式，把它运用到病人提供的亲身经历和他当下的活动和希望中去，最后在亲切的交谈中说服病人，这必须是在明亮的环境、没有沙发或者催眠暗示的情况下进行。让病人相信更好的人生目标会给他带来更大的满足感，这要比神经症带来的虚假安全感强多了。

神经症病人在某些地方误解了儿童时期的经历，阿德勒派的精神科医生在意识到这一点后开始重新饰演病人的母亲没有成功扮演的角色。医生充满善意、耐心和同情心的态度赢得了病人的信任。病人再次回到早年感到自卑的情景，他现在才知道他的自卑情结是没必要的，这是他在童年时对客观情况的误解而导致的，他很快便意识到人类友谊的堡垒比与世隔绝的虚假城墙要坚实得多。

阿德勒派的精神科医生在给病人分析和再教育时摒弃了自己的权威。这与精神分析法的观点形成了鲜明的对比，精神分析法的分析要求病人具有绝对的奴性，不允许其具有任何的判断力。阿德勒派的再教育本质是医生和病人之间进行合作性研究，病人提供过往生活的素材，精神科医生体察病情并给予病人鼓励。精神科医生将自己见解中的个人优越感最小化，就像所有好的教育者一样，他利用自己的身份来鼓励他的学生，而不是羞辱。如此，他们就可以一起重新建立一种新的方法来完成目标，这通常是一个积极的人道主义目标，一个完全适合个人需要的目标。因为对情况的分析有了大致了解，通常在面谈的最初几个小时，他们会花很少的时间来研究已成事实的过去，一旦生活风格确立了之后，过往只能证实和认可这一风格；他们会花更多的时间来研究如何把现有的、有价值的因素组成一种新的、更有效的生活风格。

在这种研究领域里，精神科医生没法说教，他并不拥有比病人更高的道德优越感。他的态度应该总是这样："在什么情况下，追求什么样的目标，我应该采用同样的生活技巧吗？"阿德勒心理学派的医生和病人的关系更像是老师和学生的关系。每种神经症基本上都是由气馁所导致的，因此精神科医生给病人布置他力所能及的简单任务，这样一来，病人增加了他的勇气和社会情感的原始资本。随后医生逐渐给他布置更困难的任务，直到病人的行为模式能解决人生中的所有问题为止。把病人改造成完美的人并不是主要目的，关键是病人能从他新近获得的见解中受益，他将不再犯神经症引发的大错误，而只是犯些小错误，他的生活会更充实，他也会获得更多的生活乐趣。

在治疗儿童行为问题时，个体心理学家认为阿德勒式的方法简单并出奇有效。在查阅了案例内容或者倾听了母亲对孩子问题的描述之后，精神科医生通常都能有自己的见解，能抓住这孩子独有的问题所在。问题儿童的生活方式很简单，那些能看懂并理解了这些迹象的人几乎马上就能提出补救的方案。就像本文分析的案例一样，问题儿童是那些经常受打击或者符合本导读第一段所描述的所有情况的儿童。这些问题常常是父母造成的，他们给孩子带来了额外的困难和障碍，从而阻挠了儿童循着正常渠道进行发育。因此，对问题儿童的治疗很大一部分还在于对父母和老师的教育，要让他们理解儿童行为的行动风格，让他们在需要的时候鼓励孩子别气馁。

儿童通常都能理解个体心理学的运作原理，其观点也能说服儿童，这证明了个体心理学的逻辑性和有效简单性。在儿童问题的案例中，父母和精神科医生通过鼓励孩子不要气馁而解决了问题。在年龄大一些的儿童案例中，我们需要教会他们如何增强勇气、学会独立、获得社会情感等。当然，个体心理学不可能宣称自己能治愈所有行为有问题的儿童，但当父母和老师都能理智地在治疗过程中配合，即便是最困难的案例也能从治疗中获益。

阿德勒一直坚持学校就是预防精神疾病的理想诊所。每个儿童都在这个微缩的世界里面，面对教室里的小社会，面对社会分配的任务。有些老师学过阿德勒方法论以及影响儿童的技巧之后，会发现自己的教学任务在实质上有所减轻。应认识到神经症行为方式是扭转儿童向正常方向发展的第一步，儿童对他人鼓励的反应和理解就像是植物对太阳、雨露和土壤的反应。父母和老师理解和鼓励儿童是很容易的事，就像把孩子分门别类和打击他们一样容易。阿德勒心理学认定的首个原理是："每人都能各尽其所。"发现这一原理的人同时也深知它有一定的限制性，但它作为人际关系中的实用原则却是很有价值的。有件事是不言而喻的：当老师将学生分为坏的、愚蠢的、懒的、神经质的类别之后，只会让他们变得更愚蠢和神经质，这样对待孩子，只会适得其反。所以，我们更应给予孩子们鼓励，这样往往会出现奇迹。

这篇对个体心理学简单扼要的介绍既不是为悲观主义者准备的，也不是为懦夫准备的，而是希望那些相信点燃人类的星星之火便可以得到永垂不朽之火焰的读者、那些相信人类有权利享受作为人类的快乐的读者会因为这篇导读而继续将个体心理学研究下去。之后本书将通过引用案例的方式，为读者提供阅读案例的技巧，让读者理解人类的生活风格，就像音乐家能够娴熟地阅读交响乐的五线谱一样。个体心理学已超越科学，而更像是一门艺术。如何运用它是有关创造性直觉的命题，是有关美好同理心的命题，这样的同理心包含着人类的不懈努力，也曾在人类历史上激励了伟大的诗人和伟大的教师。没有充实地活过、没有深刻地分享过生活的痛苦和喜悦的人是不需要掌握这门艺术的，但是每个在不断思考的人都有能力成为优秀的工匠，能够掌握和运用它的基本原理。

医学博士 沃尔特·贝伦·伍尔夫[1]

于纽约市

---

[1] 沃尔特·贝伦·伍尔夫（1900-1935），医学博士、心理学家、作家，出生于奥地利维也纳，在美国接受教育，后再次回到维也纳攻读研究生，其间成为阿尔弗雷德·阿德勒的助理。

第一章
身体的态度

今晚我们讨论的是弗洛拉小姐的问题,她主要是抱怨这些年来她常常会无意识地晕厥。她跟父母、两个弟弟、两个哥哥和两个孩子一起生活,家里的气氛很融洽。她是家里唯一的女孩,她在家里要风得风,要雨得雨,父亲更是对她钟爱有加。

当我们听到无意识的晕厥时会即刻联想到癫痫,但癫痫只是用来泛指某一类疾病时使用的术语。此类疾病的鉴别诊断有时候极为困难,而且这完全是内科医生的专业范畴。癫痫病人通常要面对生活中的诸多困难,这些困难也会反映到他们的精神状态上。因此,医生有时候也很难判断什么时候生理上的疾病治好了,什么时候精神上又开始出问题了。我们一直都称癫痫为疾病,因为一直以来都是由医生来照顾癫痫病人的。这就跟外行人对待神经症是一个道理，人们之前总是将神经症称为歇斯底里症。

在鉴别诊断真假癫痫时有几个特别重要的症状需要注意。如果是真的癫痫，发作时病人的瞳孔会放大，见光无反应。这是癫痫最重要的生理迹象，目前弗洛拉的案例中没有任何关于这一现象的描述。第二个重要特征是在病人失去知觉期间是否有巴宾斯基反射（Babinsky reflex）的现象。我们要测试病人是否有巴宾斯基反射，就要敲击其足底，正常人是大脚趾向下动，但如果是病人的话，他的大脚趾会向脚背方向反射。巴宾斯基反射表明病人大脑的某个部分已经受损，导致神经冲动无法再沿着惯常的传导路线通过。还有一些其他症状也是癫痫的表现，有时候是皮下出血，特别是耳朵后面的少量出血；病人常常会咬自己的舌头，所以我们常常发现其唾液里带血；癫痫病人还常常会摔倒受伤。癫痫患者通常会对发作有一种瞬间的预感，我们称之为先兆，虽然形式不同但通常都会出现。

这一系列症状是癫痫病人所具有的，它与歇斯底里症性质的晕厥不同。歇斯底里症患者感到自己受到伤害、无助、无能，他用肢体语言来表达自己的态度。歇斯底里症患者用晕厥来表示"我很无能"。歇斯底里症患者能迅速恢复，但癫痫病患者发作之后通常有长达好几个小时的昏睡、头疼和不适感。癫痫和歇斯底里症的主要区别就在于癫痫病人不知道自己已经晕厥，只有在发作期过后他才意识到这一点。

除了上述对癫痫病患者进行鉴别诊断的难点之外，要判断很多与某种心理缺陷有关的癫痫更是难上加难。如果你以某种方式刺激一位真正的癫痫病患者，而他对于这种刺激的反应是勃然大怒的话，那么你可能会增加他以后的发作频率。癫痫人群通常脾气都很坏，我在调查有癫痫病史的家庭时发现，这样的家庭总会有一个明显脾气很坏的人。我们必须将坏脾气看作自卑情结的表现，在父亲脾气暴躁、孩子患癫痫的家庭里，我发现其实孩子是在效仿父亲的坏脾气。

有时候癫痫病发作之后再加上疯癫（通常是幻觉、野蛮和粗暴的行为），会使病情变得更加复杂。癫痫病患者大都在精神病医院接受镇静剂治疗，这让他们每天都昏昏欲睡。在这种疗法下，病人发作的次数通常会减少，但是并不会完全消失。

尽管癫痫与歇斯底里症晕厥存在这些不同之处，但要分诊这两种病还是十分困难，因为病人发作时医生很少能在现场当即检查病人的眼睛，也很少能进行巴宾斯基反射测试。

据我自己的经验而言，只有当某些易受影响的人身处恶劣的情境之下，癫痫病才会发作，我认为这种敏感性来自脑部血管的病理性变异。癫痫病患者发作时就像个怒气冲天的人，看上去像是要攻击什么人一样。最易犯癫痫病的人通常是脑血管产生了病变的人，同时他们也是容易暴怒的人。一般来说，癫痫病患者都很残酷，他们常常在梦中经历残酷的厮杀。尽管也有些癫痫病患者很和善、亲切和安静，但癫痫病人的心理状态大都很糟糕，他们的梦中什么元素都有，唯独缺少仁慈。毫无疑问，酗酒会加大癫痫病发作的频率，如果不是考虑到人道主义，我们倒是可以用实验来证明这一点。酒精会给癫痫病患者带来不利影响，他们应该极力避免以任何方式摄入任何酒精。

据我与癫痫病人相处的经验来说，我们应该尽量让癫痫病患者生活得轻松自在；另外，如果能教会病人学会坚强，学会自立和冷静，那么他们的病情就会好转。也就是说，我发现病人在很好地融入社会之后癫痫症状便消失了，其中许多案例都是由其他医生确诊的真正癫痫病例。我并不是说我能治愈癫痫病，而是说有时候癫痫病患者的症状能减轻，当我们能够更大限度地帮助病人更好地融入社会时，他们的生活就会更舒适；甚至在某些案例中，病人在基本适应社会之后，其癫痫症状便全部消失了。

现在让我们继续研究今天的案例。据我们的观察，如果一个女孩的家里有好几个兄弟，而她是唯一的女孩，那么这家人会十分娇惯女孩，这样的女孩常常无法长大成为一个正常的女性。她可能常常很顺从，但从来没有自信，也不独立；她长大后总是需要依赖别人，她还很可能无法独处。从另一个角度来说，这样的女孩也可能像个男孩一样成长，能吃苦耐劳，并且过度夸大她的男孩子气。病历里肯定有信息让我们弄明白这位病人是沿着哪条路径成长的。

我们从病历中得知，这个女孩的家庭关系相当和谐，她要风得风要雨得雨，是父亲的掌上明珠。因此我们可以推断，这个女孩很可能有着受娇惯孩子的特点，其心智能力没有得到充分的发展。她很可能乖巧、安静和顺从，但也极度渴望别人的认可。我在病历中发现以下陈述：

"自从第一次癫痫发作之后，她就开始跟妈妈睡。"

女孩不仅不愿意独处，还因为此次发病而更依赖别人，因此我有理由认为所谓的癫痫是她的预谋。病历中还有以下内容：

"这个家庭的生活相当圆满。病人的身体一直以来都非常健康，到目前为止也没有发现任何神经症的迹象。她母亲说她各个方面都几乎是完美的。她很容易交到朋友。"

母亲认为弗洛拉是完美的，这就更让我相信她是第一种类型：可爱又温顺的女孩。她显然是个受娇惯的孩子，当务之急就是让她变得独立。这种独立会给她带来诸多益处，其实也是唯一能治愈她的希望。

"她的娱乐活动是看电影、去剧院、开车兜风。她在学校时表现突出，毕业时在班里排名第四。她从学校毕业后开始工作，她也喜欢自己的工作。"

从她的学习成绩也许能看出，她想在学校和家里都成为宠儿，为了得到表扬，她学习很努力。

"她目前的工作是秘书，她说她喜欢自己的工作。当她还在学校的时候，她想当个老师，但因为当老师需要付出很多努力，所以她放弃了。"

我们再次确信了一点：她缺乏自信，也不会努力使自己变得独立。

"现在病人二十五岁了，长得很漂亮，只是一只眼睛有点斜视。她右手无名指的一个关节被削了，但是她巧妙地掩饰了这个缺陷。"

毫无疑问，这些缺陷在她的生命中也起到了很大的作用，她保护自己免受它们的影响，她犹豫不决的生活态度好像表明了对自己的不信任。

"要了解她早期的记忆几乎是不可能的，她抱怨说她很难想起自己小时候的事情。"

我认为只要我提醒她儿童时期的片段，她是可以记起来的。有些人很难记起童年时的经历是因为他们认为自己一定会想起十二三岁前所发生的一些可怕经历，但是这些并非必然。我通常会问病人："你能想起你的校园时光吗？"病人在回答这个问题的时候总是非常谨慎。病人选择性的记忆是发现其性格特征的一个重要线索。当病人回忆起学校的一些事情之后，他们常常能想起上学前的经历。有时候，我会建议我的病人写下他们能够回忆起的所有关于童年时期的事情，就像是为了写自传而做笔记一样。这个病人回忆起了两个梦，值得我们听一下：

"我梦见和一个男孩一起参加'调情派对'，他在我吃午饭的那个杂货店工作。我还梦到跟我的老板做了同样的事情。"

这种梦再次说明病人希望在家里和工作的地方都受到很多关爱。如果雇主确实好好照顾了她的话，她也许就不会做这样的梦，因此我们可以总结出她的老板对她并不如她所希望的那样友好。她在梦中再现了这一情景："如果他宠爱我会是什么感觉呢？怎样才能让他爱我？"她这是为了实现自己的目标做准备，她的目标就是被爱，我们可对她的这一梦境做出这种解释。杂货店里的男孩可能没有和她一起参加调情派对。由此我们可以总结：她并没有如愿以偿，这是我们诠释她的梦境时的重要因素。

"我梦到街上卷起一股潮汐，淹没了其他人，但我安然无恙，我只是在旁边观望。"这第二个梦更重要，因为它显示了病人内心的残酷：她看到别人被淹没而无动于衷。这个梦意味着："怎样才能制造其他人都被淹没了而唯独我一个人活着的情景？我独自活着的感受会是怎样的呢？"她很有可能会从洪水中拯救出父母，但是对他人的死活毫不关心，她会眼睁睁地看着其他人被淹没。她为什么会希望其他人都消失呢？可以肯定的一点是，她讨厌这个世界，因为她无法让所有人都爱她，所以唯一的解决方案就是让整个人类都灭绝。这种想法其实就是优越情结，但我们都知道优越情结是基于自卑情结之上的，她的梦就像是在发泄，就好像她在说："让所有人都消失吧！"

"她抱怨母亲连自己的孙子都管不了，而她则能让五岁和七岁的孩子听话。"

我们由此得知她为什么想当老师，因为她认为老师总是被一群顺从的孩子围绕着，她希望孩子们用对她的言听计从来表达对她的欣赏。

"她认为家里人一直对她太好了，管教不严。"

我们从这份报告中可以看出，她对自身的处境是相当明白的，但是她这种说法也只是想做点表面功夫，实质上什么也没有变。我们都知道，她想要的，是每个人都顺从于她，包括她的雇主、杂货店员工、孩子们和她的父母。她的问题是如何达成目标，否则她的整个人生计划便会支离破碎，她会陷入无助。

"她在一家公司工作了两年之后经历了首次癫痫发作。她尖叫着摔倒在办公室的地上，当时还有很多人在工作。她的头撞上了混凝土地面，咬破了舌头，大家用力按住她，之后把她送回了家，有几个医生和训练有素的护士在家里看护她。她重病卧床了一周，还出现了肾中毒。"

这种病发作伊始确实像癫痫，但她同时还有其他的病症，所以她的晕厥很可能不是癫痫造成的。我们必须进一步观察才能做出判断。

"过了七个月，她在自己家又发作了一次。她摔倒后压在一个U型铁块上，烧伤了胳膊。尽管她姑妈当时也在屋子里，但是她母亲那天晚上外出没回来，这是她出生以来母亲第一次离开她。"

如果这真是一例癫痫病症，那么这个生病的过程确实是不同寻常的，假设一位病人到十八岁才诊断出癫痫，那通常在真正发作前就会有些小发作。而这个案例中，病人发病太过突然。她十八岁开始发作，病情直接恶化到要跟母亲一起睡才行，而七个月之后的第二次发作，正巧发生在母亲在她人生中第一次全天都离开的时候，这种情况当然让人感到惊讶。毫无疑问，病人想要控制她的母亲，尽管她的控制是以一种温柔、友善的方式表现出来。这个发作就是在说："为什么你留下我一个人？"我们必须学会理解整个身体的语言。

十三个月后，她又发作了一次。这段时间病人服用药物，而且还节食。病人在节食或服用药物时通常会感到虚弱，但这样的治疗能让病人度过困难时期，有时还会取得好效果。

"最后那次发作过后，病人每个月生理期时都会晕厥，每次晕厥发作时还相当激烈。目前病人几乎每星期都会发作，当她感觉快要发作时就会把母亲叫过来。"

这些都是了解疾病本质的重要线索。这个女孩在初潮时承受了很大的痛苦。她初潮时经历了一次晕厥，这也许是她在表达自己想成为男孩而不是女孩的愿望。每次来月经时她都感到非常紧张，而紧张又是发病的重要决定因素。每当她感到要发作时，她都会叫来母亲，就更加表明了她发病的目的。病历显示："有一次她要发作时，她跑了出去，跑到有邻居的地方。"这说明她希望母亲不在身边时有其他人可以代替母亲。

"她在癫痫发作时智力下降，癫痫通常发生在她与人争吵之后。"

我不知道该怎样帮助这位病人，但我们的治疗重点会集中在改变她的整个生活方式，让她重新接纳自己身为女性这一事实。由于她不喜欢做女人，目前最明智的做法就是了解她和爱人之间的关系。尽管我还没有看完整个病历，但我觉得我们可能会发现她在爱情生活中有自卑情结的种种表现。我们应向她的爱人询问相关细节，但可能病历也能让我们有所启发。

"她跟一个男孩恋爱了八年。他们已经订婚三年了。她注意到，自从订婚之后发作得更频繁了。"

我们应该都会同意一个观点：跟一个男孩谈恋爱八年，这个时间太长了。由于她现在发作得更为频繁，我设想了两种情况，其中有一种肯定是真的：要么她的未婚夫对她的癫痫发作感到震惊而决定不跟她结婚，要么就是她坚持"等我病好了再说"的姿态。癫痫的发作帮她维护自己的立场，她的目标就是避免在生活中扮演女性角色、拖延婚期。她害怕会受男人控制,她不得不站稳"等我病好了再说"的立场,这是她的最后防线。她想逃跑,她犹豫不决。

"另外还有一个男孩。她其实爱的是第二个,但她觉得自己对等了她这么多年的第一个男孩必须忠诚。第一个男孩对自己的对手一无所知,他说他会等到弗洛拉病好。她说:'如果不是因为这个病老是发作,我是会结婚的。'"

有两个男友还不如只有一个,这是个潜规则。现在我们知道了同时爱上两个男人是造成她耽延跟其中一个结婚的原因了。她的人生目标就是逃避爱的问题,她也实现了自己的目标,她分割了爱情,心怀二意,还夸大了自己晕厥的病情来为自己开脱责任。但我们不要认为她这样的行为是有意的或恶意的。这个女孩生病了,而她生活风格中的一部分就是她完全意识不到自己发病的真实原因。由此可见,为了实现她隐藏的目标而采用这种方法是多么恰到好处。她想真诚对待一直等她的那个男孩,也许这是她良心上的过意不去,但是我们在治疗中必须让她明白:她并不是自己所认为的那么善良。我对那个说会等到她痊愈的男孩有些疑虑,也许她选择这个男孩只是因为他符合她实施计划的需要,他愿意等待。很有趣的是,我们可以从她这句话中看出她是如何构筑自己生活风格的:"如果我没有得这个病,不会发作,我还是会结婚的。"这证明了她的善意不假,但这句话却表达了完全相反的意思,这是我们没有听见的真正含义:"但我确实有病呀!"

病历中还有两点很重要的内容。

"她第二次发作的时候家里的小孙子出生了,弗洛拉的母亲让她待在家里。正是这个时候,她遇见了第一个她爱的年轻人。"

第二次发作的疑点很多,有可能弗洛拉下意识地认为,如果自己生病,那么她可以在家里获得更多的有利因素。

会议

弗洛拉走进房间。

阿德勒博士:我想问一下,在你生病的时候你所在的岗位好吗?你在公司上班的时候遇到了什么困难吗?

弗洛拉:我已经想辞职好几次了。那个地方有太多人,太热闹了,我不是很喜欢。

阿德勒博士:你喜欢你的老板和同事吗?

弗洛拉:是的,我同事人很好,我的老板是最典型的那种老板。

阿德勒博士:我知道你的肾有问题,这对于上班的你来说不容易吧?你的老板曾经批评过你吗?

弗洛拉:他从来没批评过我。我那时身体非常健康。

阿德勒博士：但你还是想辞职。

弗洛拉：对。

阿德勒博士：你现在还在工作吗？

弗洛拉：是的，我在一家房产公司当秘书。

阿德勒博士：你喜欢新的工作吗？

弗洛拉：对，我喜欢这份工作。

阿德勒博士：你说换了份更好的工作，我为你感到高兴。你能跟我说说你小时候的一些事情吗？也不一定是很重要的。你可以想想你喜欢什么，不喜欢什么。

弗洛拉：这有点难回忆。我觉得我喜欢户外运动吧。

阿德勒博士：你最喜欢哪种运动？

弗洛拉：滑冰，从山上溜下来，还有爬树。

阿德勒博士：你应该是个非常勇敢的女孩。

弗洛拉：我必须勇敢。我要跟四个兄弟竞争。

阿德勒博士：你能竞争过他们吗？

弗洛拉：我觉得还可以。

阿德勒博士：你小时候是否曾想做个男孩？

弗洛拉：没有，我从来都不想做男孩，但我总是跟男孩一起玩，因为没有女孩可以一起玩。

阿德勒博士：我猜你是像男孩一样长大的，因为你的兄弟多，所以你有很多男性朋友。

弗洛拉：没错。

第一章 身体的态度

阿德勒博士：我觉得你应该跟那个介绍你过来的老师谈一下，她会告诉你为何你会变得这么敏感。你是一个很容易紧张的人，你用晕厥来证明你的软弱，这种症状只有在别人惹你生气或者批评你的时候才会发生。在我看来，你有点害怕未来，你不够自信。我还认为你不想自己决定任何事情，你想被爱却不愿意付出。我完全理解这种心情，但是我相信如果你勇敢一点，如果你不跟兄弟们竞争，你的身体会好很多。相对于总是生活在无奈之中，还不如活得更好些。你不想尝试其他方式的生活吗？

弗洛拉：当然想啊。

阿德勒博士：整个问题的核心是你不够勇敢。我建议你：下决心为自己的所有行动负责。我可以肯定地说，如果你能迈出这一步，它会对你产生巨大的帮助。

弗洛拉：你的意思是如果我勇敢起来，我就可以战胜疾病？

阿德勒博士：是的。

弗洛拉：好的，我愿意去试。

第二章
母亲的控制

今晚我们讨论一下罗伯特的病例，他是个十一岁零八个月大的男孩。他的老师怀疑他可能有点智力低下。智力低下的问题很难解决也非常复杂，我们必须小心诊断，因为病人未来的成功与否可能完全取决于我们的判断。

正常来说，这个年纪的男孩最少也该上五年级了，但是我们从病历中发现：

"罗伯特在学校落后于其他孩子，他还在上三年级，智商非常低，在课堂上很安静、温和。他总是反应迟钝、胆小，年纪很大了才学会说话。"

通过病历，我们似乎看到了一个感觉相当迟钝的病人，但是有时候正常的孩子也会反应缓慢且胆小，特别是左撇子。通常惯用左手的孩子不是特别擅长动手，在尝试动手操作受阻或失败了很多次之后，他会因为过分的小心谨慎而放慢动作。关于这个孩子很晚才学会说话这一点值得怀疑，这是智力低下儿童共有的问题。如果一个孩子心理缺陷很严重的话，他根本不会学习说话。此外，某些被娇惯的孩子也是很晚才会说话。对这种类型，德语里有个专有名词来形容，但英语里没有。这些儿童听力没有问题，尽管他们不聋不哑，却不会说话。在这种情况下，我们很难判断这个孩子是否智力低下，特别是某些孩子长大后很聪明、能言善辩。我认识一些已经去世或者还健在的人，他们小时候学习说话很困难，但长大后却出口成章。我们应该根据病历确定这个孩子是两种风格中的哪一种——要么是个智力低下的儿童，要么是个被娇惯的孩子，被娇惯的孩子在某些方面的表现和智力低下的儿童是一样的。也许这个孩子两者兼而有之，那么我们在判断实情时就会遇到困难。

"父亲是个稍胖、不爱说话的腼腆男人，母亲是个美丽动人的女人。家里只有两个姐姐，一个十六岁，一个十四岁，除此之外没有别的孩子。父母相敬如宾，从来不吵架，但母亲掌控家里的一切。母亲说父亲偏爱姐姐，而男孩跟她更亲。"

由此可见，作为家里唯一的男孩、小宝宝，他拥有某种优势。很多只有父母中的一方掌管家庭的婚姻都是不幸福的，也许这个案例是个例外。当母亲说男孩跟她更亲的时候，她应该还没有把话说完，她可能要加上"我总是很宠他"。

"相对于其他家庭成员，这个男孩更喜欢谈到母亲。家里人都叫他小鬼头，这是一个很不恰当的绰号，因为他慢吞吞的，反应迟钝。两个女孩都在读高中，都很聪明。"

当家里有一个孩子很聪明时，我们通常可以推断出另一个孩子正在遭遇困难。相比之下，那个更聪明的孩子的优越感会让另一个孩子显得逊色，这也许正是我们所研究的病例的情况。被过度娇宠的孩子很容易气馁，罗伯特的问题可能也是如此。这给我们带来一点希望，因为聪明的孩子比智力低下的儿童更容易感到气馁，我们由此得知这个男孩在上学前更勇敢。也许这本来就不是一个关于智力低下的儿童的案例。

"入学需要参加竞争激烈的考试，两个姐姐的成绩对他来说是不可逾越的高山。他现在的老师不鼓励他去参加竞争。"

这就完全证实了我们的想法。

"父亲对孩子的态度很消极，他认为孩子天生就这样，将来也还会是这副德行。母亲说他们从来没打过孩子，她说：'他是我们家唯一的男孩子、小宝贝。发现他跟别家孩子不一样时，我们都受到了打击。'"

父亲的绝望让人感到气馁，因为小孩常常是在父亲对他的态度影响下长大的。特别是在这种情况下，我们的任务就是要鼓励孩子，让他感到还有希望跟其他正常成长的孩子一样长大。目前罗伯特在公立学校上三年级，我认为这并不是一个无可救药的案例。

我们可以假设罗伯特只是个问题儿童，完全不考虑智力低下这回事，那么我们就会发现他在家里的地位非常受限：一方面他跟母亲太亲近，依赖她的支持；另一方面，他又没办法跟两个更聪明的姐姐竞争。由于他不是那么有勇气，因此他不会去争取，就像我们听说的那样，他只能保持沉默。我们很难期望这样的孩子能好好成长。我们在此举个例子，你可以比较一下：在一块不大的地上种了三棵树，如果其中两棵战胜了困难长得很强壮，那么第三棵必定无法自由生长。现在的环境对罗伯特来说也是一样的，这个家庭里的女孩已经占据了所有生长空间，所以罗伯特只能强迫自己降低目标——不要跟姐姐竞争。这样我们就可以解释他的整个成长风格了。

"这两个姐姐形影不离。男孩提及大姐更多，大姐会带他去散步、看电影。他说二姐常常取笑他，他也会反过来取笑二姐。"

二姐和男孩的情况都比较极端。女孩很活泼、积极，尽管没有资料显示她的情况，但我们可以肯定的是她想努力成为家里的第一名；受挫的罗伯特已经放弃了竞争，也就满足于当倒数第一了。男孩和二姐互相取笑对方就说明了他们之间存在竞争。二姐十四岁,而他差不多十二岁,这就意味着罗伯特出生时二姐两岁半。她感到自己的王位让弟弟夺去了,她对弟弟直接发起的攻击非常成功,以至于罗伯特都没有想过和她竞争。

"这家的经济条件不错。母亲在家里照顾家人,父亲管理本地的一家百货商店,他在这个商店有分成。两个女孩穿着打扮很体面,空闲时间也不需要打工。家里有五个房间,五张单人床,家里的每个人都单独睡。男孩对着墙睡,有时候身体蜷缩成一团。"

我对睡姿有所研究,我发现夜里观察一个人的睡姿能说明很多问题。这个男孩的睡姿似乎在说:"我不勇敢。我什么都不想看见。"当他蜷缩时就说明了他想消失,或者想像个刺猬一样不让敌人看到自己。

"父亲跟男孩在同一间屋子睡,母亲说她有时候还得陪着躺下哄他,直到他睡着。"

这后面一点很关键,它说明罗伯特十分胆小,他寻求母亲的支持,不愿意成为一个独立的人,还想通过自己的行为来吸引母亲的关注。母亲不在身边的时候,他会感到很沮丧,比如在学校的教室里时。其实他在睡觉时用背对着人、合上眼睛的睡姿就说明了这一点——他不想面对任何问题。

"母亲承认她在孩子很大时还跟他一起睡,而其他孩子早已不再跟父母一起睡。父母都是意大利后裔,但是父亲跟一般的意大利家庭的家长不一样，他不对母亲和女孩做任何限制。母亲说：'整个家庭都是我在管理。有时我丈夫叫我别出门，理由是我太累了，其实他是跟所有其他男人一样希望自己的妻子待在家里，只不过他的说法不同而已。'"

母亲的说法证实了罗伯特一直都比姐姐们更受到宠爱，和我们所猜测的情况一致。此外，父亲没有看轻女人，也并不想压制掌管着家庭的妻子。

"孩子的身体状况如下：母亲在生他的时候经历了十二小时的阵痛，但没有使用辅助器械。她分娩时碰到了困难，宝宝的脸变成了蓝色，生下来十二磅[1]。"

分娩困难并不如人们所认为的那般严重，也许罗伯特生来头就比较大。一般来说，刚刚出生时，男孩的头比女孩的要大一些。

"母亲说他长得不好看，刚生下来的时候皮肤是黄色的。两个月大的时候出皮疹，直到十五个月才消。他很早就能抬头，六个月大就能坐起来，八个月时长了第一颗牙，同时还断了奶。喂养他有很大的困难，他得了肠炎，直到找到了合适的配方奶粉才开始好转。九个月大他就开始吃固体食物，十五个月大，母亲开始训练他大小便，到两岁时就完全可以自己控制小便。他从小就吃鱼肝油。母

---

[1] 1磅约为0.45千克。

亲注意到他有点不对劲,他逐渐长大却从不说话。他两岁开始走路。"

只有当时接生的医生才能告诉我们黄皮肤和早期皮疹的情况。如果罗伯特直到两岁才学会走路的话,我们猜他可能有佝偻病。

"他跟人用动作和一些声音来沟通,家里人都能理解,母亲最清楚他想表达什么。"

母亲能理解孩子的这些动作含义对孩子来说是相当不幸的。因为没必要说话,所以他没什么兴趣学说话,这一点不足为奇。

"听力没问题。医生让母亲别担心,不用太在意,随他去吧,因为总有一天,'该会的他总是会掌握的'。孩子五岁时开始学讲话。他的腺样体和扁桃体都切除了。他从来不生病,胃口非常好。"

对于一些各种要求都得到满足的孩子,他们直到四岁才开始说话也算是比较普遍的现象。另外,我们也会经常听说这些孩子有挑食或者尿床的毛病。由于这位小病人并没有这些毛病,也许我们可以解释为他跟母亲关系很亲密,所以没必要改善现有的手段。

"为了矫正视力,他戴了两年眼镜。一年半前他学会自己穿衣服。他穿衣服的时候磨磨蹭蹭的,所以大人老是敦促他,之后他又要花很长时间来确定哪只脚穿哪只鞋。他的身形比同龄人都高大（身高5英尺[1]，体重100磅）。"

直到十岁才会穿衣服证明罗伯特被宠坏了。他对穿衣服不感兴趣，因为他想让母亲帮他穿。他的体型比同龄的孩子高大可能是因为他患了脑垂体方面的疾病，但也有可能只是因为母亲把他养育得很好，是个健康的孩子而已。

"他用右手写字，却用左手做其他事情。"

这一点非常重要，由此我们知道罗伯特天生是个左撇子。他在这个右撇子的世界里一直在努力调整自己，也因此面临很多问题和打击。

"这个孩子总是跟母亲和大姐很亲近。他很少提到父亲。"

这种情况在被娇惯的儿童中是很常见的，他们绝大部分时间都和母亲在一起，父亲没办法与母亲相提并论。这个父亲真的是犯了一个大错，特别是不该对孩子感到绝望。大姐能赢得罗伯特的信任，但他与父亲和平相处却是个难题。只要有母亲在，罗伯特就总是依赖她。父亲应该带孩子去旅行，跟孩子度过美好时光，成为孩子的"伙伴"。他应该在合适的时候向罗伯特坦承他之前认为罗伯特智商低下的看法是不对的。我们的治疗应该从男孩与父

---

[1] 1英尺为0.3048米。

亲的和解开始。

"母亲让他去帮忙买东西，他很乐意跑腿，也喜欢谈论这些事情。如果母亲想从商店买两件或以上的东西，她就必须列一张购物清单。在开始撰写这份病历的时候，店员提议妈妈不再给他列单子，他出现了进步。"

我们很难想象一个不能单独行动的孩子去商店买东西时能记住两样或以上的物品。这个店员很了解孩子，对他的情况有深入了解。很多心理学的外行人也能有这种深入的了解。孩子的进步的确是个好征兆，这让我们相信一点：他犯的绝大部分错误都是可以改掉的。

"母亲有时候发现他与幻想中的伙伴说话，还替他回答问题，通常跟他说话的假想伙伴是个男孩，之后他开始变得像个街头小混混一样言语粗俗。他的面部表情生动，好像真的在和谁吵架一样。"

很多孩子都会玩这种跟假想伙伴说话的游戏。有意思的是，这么长时间以来，罗伯特都不会说话，现在却训练自己说话，不仅自己说，还替其他的孩子说。罗伯特说不定能成为作家，毕竟左撇子孩子通常很有艺术天赋。根据他玩的游戏以及跟姐姐们吵架的事情，我们还可以推断出一点：他很希望有个男孩朋友。他可能已经对女人有一定的恐惧心理，特别是在母亲掌控家庭的这种情况下，他高估了女人的力量。显然他有丰富的想象力，这在懦弱的孩子中是普遍存在的。他很轻易就能在白日梦中把自己想象成英勇、胆大、勇敢的人。他确实是个软弱的孩子，但这一点会伤自己的心，所以他把自己幻想成了勇士。我们必须教会他如何在现实中做个勇敢的人。

"他不跟其他男孩在街上玩耍。他说：'街上那些男孩跟我的玩法不同，他们总是打打闹闹，我不喜欢。'他有时候会偷偷地笑出声，这让他母亲很害怕。有时候他的声音很大，然后又几乎没有声音。"

罗伯特不在街上跟其他男孩一起玩是因为他很胆小，他用连母亲都害怕的笑声来削弱她的控制权。当她不迁就他或是不够宠着他时，他的这种笑声就越剧烈。

"他有时候睡着觉了也会坐起来自言自语，说着各种事情，然后又静静地躺下，不用人哄就睡着了。"

很多儿童半夜尖叫是为了让母亲来陪自己，而罗伯特则仅仅是给母亲一点暗示。

"他想在学校交些朋友，但是一会儿又气馁了。学校的孩子并没有躲着他或者叫他的外号。尽管他可以回想起很多老师，但是他只能叫出两个老师的名字。"

被娇惯的孩子如果很难交到朋友，他很快就会放弃。至于他的记忆力，他不喜欢自己的老师，所以他不记得他们的名字。这不是记忆力的问题，只是他不愿意记起而已。

"他开始在学校和其他孩子说话也就是最近的事情。

他六岁上学,在1A[1]上了两个学期,1B三个学期,2A两个学期,2B两个学期,3A一个学期,3B两个学期,目前在3B上第二个学期。"

不爱跟身边的孩子说话这一点说明了我们这位病人有多么孤立。尽管如此,他还是开始进步了。还好他是六岁上的学,不算很晚。不停地留级让他很是气馁,由此我们可以理解为什么他对上学不感兴趣了。我们的责任是让他看到希望。我们可以采用一种方法,那就是在学校时给他高分,哪怕他的学习不是很好。这种方法听上去是错的,其实不然。给这个男孩低分让他感到沮丧实在毫无意义,我建议不要给他打分,直到他有进步为止。在学校给他布置简单的任务,也就是老师认为他可以完成的任务。老师应该找到他的特别兴趣所在,并鼓励他往这方面发展。老师的责任就是要让他相信自己可以做个好学生。我知道在这种公立学校是很难这样开展工作的,且会有反对的声音,因为其他学生会认为罗伯特更受老师偏爱。对此,我的回答是:要在全班营造一种氛围,让大家和老师一起来帮助罗伯特。如果其他孩子都愿意合作的话,就会对我们的病人有很大帮助。

"他写的字是七年级的水平。"

有一个领域是他很擅长的。他训练过自己的手,以

---

[1] A为上学期,B为下学期。根据维也纳的教育制度,小学为4年制,即等级1-4,学生年龄为6-10岁;初中为4年制,即等级5-8,学生年龄为10-14岁。

弥补作为左撇子的"缺陷"。尽管如此,他就算克服了这个障碍也还是感到很气馁。相对于成功,很多人受到失败的影响更大。在胆小孩子的生活方式中,比起成功,他们更重视失败。

"他的绘画很糟糕。"

虽然如此,我仍然相信如果我们能充分激发罗伯特的兴趣的话,他在绘画或者设计方面都会有相当大的潜力,因为这是对他视力不好的一种补偿。老师说他在学校戴眼镜,但也许因为他不喜欢戴眼镜,所以他一直都没有训练自己的视力。

"他的阅读跟不上。"

众所周知,有些左撇子孩子阅读得很慢,因为他们总是想把单词的字母倒着看,也许罗伯特也是这种左撇子类型。我的学生爱丽丝·弗里德曼博士(Dr. Alice Friendman)发现左撇子孩子在阅读时会把单词的字母顺序颠倒或者打乱。对于右撇子来说,从左读到右是很正常的,但左撇子更希望从右读到左,这种基本操作深入每个人的潜意识中。如果没人发现他是个左撇子,那么他将会在学校遭遇很多问题,最终导致孩子不再喜欢上学,因为他无法跟右撇子孩子在阅读方面进行竞争。他的停滞不前并不让人感到意外,因为他在阅读和绘画方面的不利因素会投射到他所要面对的其他问题之中去。如果我们发现罗伯特因为阅读问题而带来的烦恼跟左撇子有关,我们就必须纠正他的训练。

有很多迹象可以帮助我们判断他的情况。如果他打乱了字母的拼写顺序,或者你叫他画一只动物,他从右画到左,又或者他在握着两只手的时候左拇指在上,那么他很有可能就是左撇子。

"拼写单词时,他会出现三种情况:第一种情况是他认识这个单词;第二种情况是他认识这个单词,但颠倒了两个字母的拼写顺序;最后一种情况是他不认识这个单词,且总是用"e"来开头。老师认为后面两种情况说明他就是个左撇子。"我认为这只是他感到绝望的一种迹象,他不知道该怎么继续下去了。[1] "1926年3月,不分级班级(不以年龄划分年级的班级)的考察员对他进行了测试。他当时八岁,智力却相当于四岁六个月的孩子。"

从这里我们很容易看出,对于孩子可能智力低下的这种怀疑是怎么产生的,但是智力测试并非绝对的,也不能因此停止我们的诊断。被娇惯的孩子在学校遭遇失败便会变得战战兢兢,他不会集中精力来应对测试,因此这个测试结果并不可靠。低智商指数不仅符合被娇惯儿童的特点,同时也是智力低下儿童的特点。心理测试只有在与我们其他的分析发现达成一致时才有价值,而在本案例中,这孩子之所以失败是因为他的极度气馁,他想得到母亲的

---

[1] 因为很多单词都是以"e"结尾,这孩子自然而然会从结尾来拼写单词。根据这一重要特征,我们有理由怀疑他是左撇子。

支持。

"根据斯坦福－比奈智力表（Stanford-Binet Test）来看，他的智商指数为五十二，基准年龄为三岁，上限为七岁。哈格底阅读测试（Haggerty Reading Test）结果表明，他的阅读水平相当于1A班的孩子。伍迪－迈克混合基本测试（Woody-McCall Mixed Fundamental Test）显示，他的数学能力为1A班水平。这孩子长得很帅、很友好，测试的时候十分配合。"

最后一句话让我们明白母亲宠爱他的另一个原因，同时也证明了他很聪明，会用自己的魅力来获得利益。

"他的反应速度很快，注意力集中。他总是习惯性地重复他说的最后一个字，但是现任老师却没发现他这一习惯。"

重复说话是没有把握的迹象，他想用犹豫和口吃来争取更多时间。现在的老师之所以没有发现他这一点，很可能是因为她不给他施压，而且他也不害怕老师。

"这孩子智力发育很慢，还分不清颜色和形状（他这次没戴眼镜）。"

毫无疑问，他的眼睛存在器质性问题，同时他有可能是色盲，不能区分形状表明他缺乏适当的学习。

"他对数字的记忆能力仅相当于四岁的孩子，他的思维记忆力相当于三岁的孩子。"

这条信息着实让人感到气馁，但即便是智力正常的成年人在重压下也有可能不会数数，罗伯特在测试期间的情绪和态度是判断这一信息正确与否的重要因素。

"学校推荐他去不分级班级就读，但是他母亲不同意，于是学校就把他分到落后班级去了。他声称自己没有梦想。"

如果他没有梦想就表明他完全满足现状，他已经完成了绝对受宠的目标，他在这世界上不会遇到任何困难。他在家和学校都有安全感，他不再需要追求什么了。

"他刚开始说自己没有孩提时的记忆，但接着又说：'有个小女孩给我骑她的自行车。'这件事是最近发生的，但是他说得好像是很久以前的事。"

这种记忆跟他的风格很像：他希望所有人都是他的仆人。

"目标：他一度希望自己长大，长大到可以自己拼写单词的年纪。还有一次他希望帮父亲打扫店铺。"

如果他是独立地表达出了第一个愿望的话，那倒是个好现象，这表明他认识到自己的缺点并希望将来能改掉；第二个愿望则表示他希望父亲也能喜欢他。

"另一个目标就是长大到能在街上玩耍的年纪，但他不想工作挣钱。如果只能有三个愿望的话，他的选择是：长大、变强壮、学好功课。前面两个目标是自然而然会发生的事情。"

从他不想工作的这一想法，我们再次发现了他很气馋的证据。就他目前的目标来说，我认为前两个是每个男孩的愿望，特别是在美国这样一个看重运动的国家。他想学好功课这一目标表明了他目前遇到的困难。

"如果让他选择是待在家里看书还是到街上玩耍，他会选后者。老师认为这个案例中的孩子是家里的老幺，在家里很不得志，高大的身材和左撇子的原因让他变得笨手笨脚。我们让父母给他布置一些任务，让他认识到自己的有用之处，并且要避免在他面前表扬姐姐们。老师已经在教室里给他布置任务，比如分发作业纸、给教室通风等。他对老师的提示表现得很敏捷。刚开始他在分发作业纸的数量上没有概念，但是后来进步多了。"

老师已经选择了最优方法来帮助这孩子，我没有更好的办法可推荐了。我要跟这孩子解释大人对他的教育都犯了哪些错误。我想鼓励他，让他相信他也可以达到姐姐们的水平，并向他解释他之所以没有成功是因为他太过于依赖母亲，而且对自己很没有信心。就算成功不会一蹴而就，我们也必须让他相信他会成功。我们可以用游泳来打比方，最初的泳姿都是不正确的，否则所有人一开始便会了。你不会马上懂得游泳，但最终你还是能学会。我们应该用孩子可以理解的话解释给他听。

罗伯特也要明白他应该跟小伙伴们更亲近一些。我应该在他放学后叫他参加小组活动或者社团，这样他就可以跟陌生人多交往，少依赖母亲。我们要向他解释为什么他在阅读时会遇到问题，再教会他正确阅读的方式。如果我们能帮他摆脱那种无助的感觉，他就会取得长足进步。本病历的最后一点表明他已经回到正轨上了，我相信老师已经注意到了他的进步。此外，我们要跟母亲解释清楚，孩子是聪明的，但是只有她让孩子独立，她才能看到他的聪慧。这个案例的难点清晰地揭示了为什么大部分的问题儿童都是被娇惯的孩子。

会议

母亲进入会议室。

阿德勒博士：我们想跟你聊一下罗伯特。我们认为他是个聪明的孩子，他遇到很多困难，主要是因为他认为自己不需要独立行动，因为你已经为他解决了所有的问题，其实你可以纠正这种做法。你应该让他学会更独立，跟陌生的孩子一起玩，跟自己的伙伴们多待在一起，在课余的时候参加社团或者游戏小组。罗伯特老是跟你待在一起不好，因为他知道怎么控制你，可以从你那里得到什么。我们还认为这孩子是左撇子，这是他在学习上遇到很多困难的原因，特别是在阅读和拼写时。如果教育得当，他是可以跟其他孩子一样正常阅读和拼写的，但目前他很气馁，因为他老是失败，所以他不肯继续学。你要让他自己洗澡、穿衣，如果他做不对也不要唠叨。孩子最好可以跟父亲更亲近些，你应该让你丈夫给罗伯特一个机会，父亲带孩子出去旅行几天是个好方法,让他们之间建立些哥们儿情谊,应该让孩子知道父亲相信他能成功。我个人认为这孩子是个正常的孩子,如果你同意的话,我想现在跟他聊一下,看看我是否能改变他,让他变得更独立。

母亲:我想这会让他感到很害怕的。我自己也害怕,因为我没想到会有观众在场。

有人叫了孩子进来。他走进房间。母亲:"过来,小鬼头。"

他就直接走到母亲身边,用胳膊揽着母亲。

阿德勒博士:你一定要保护你母亲吗?我想她现在不会摔倒。我觉得她可以自己站起来。你希望总是依赖母亲呢,还是想做一个大人呢?

罗伯特:大人。

阿德勒博士:你想单独处理事情,还是其他人为你把事情做完?

罗伯特:我想母亲为我做好。

阿德勒博士:喜欢母亲是非常好的,但是你不能期待她为你做好所有事情。如果你为自己多做些事情,你会更开心。你应该开始独立做事了,其他孩子很早就开始了,因为你开始得晚,就已经有点麻烦了。但如果你马上独立做事,你还是可以取得很大进步的:自己刷牙、自己洗澡、自己穿衣。不要让母亲帮你,你自己可以独立做事不是更好吗?你学会游泳了吗?

罗伯特：学会了。

阿德勒博士：刚开始学游泳的时候很难，你还记得吗？我知道你肯定是花了时间才能游得像现在那么好。不管你做什么，都是万事开头难，但是只要你坚持了就会成功。如果你能学会游泳，你就能学会阅读，学会计算，但是你要坚持，要有耐心，不要总是期待母亲帮你。我相信你能行的，别人做得比你好也不要灰心。你老师跟我说你最近进步不少。太棒了！你想不想找些小伙伴一起玩耍呀？你想加入社团吗？

罗伯特：想，应该会很不错。

阿德勒博士：我们会给你找一个有趣的社团，你可以在那里玩，可以聊天，让我看看你有多独立。我觉得你跟父亲出去旅行也挺好的。

罗伯特跟母亲离开了房间。

班级讨论

学生：我们是否应该教左撇子用右手写字？

阿德勒博士：我认为这样做很好，有两个原因：首先，我们整个文明都是习惯右手。第二，如果老是用左手，他就会引人注目，慢慢地他会觉得自己和别人不一样，不平等。你们肯定都读到过贬损左撇子的数据分析，但是据我的统计，很多左撇子都是艺术家，特别是那些也会练习使用自己不太灵活的右手的人。有一种迷信的说法:如果你叫左撇子孩子学会用右手,那么他就变成结巴。我们不应该听信这种迷信。有一点要确定的就是,如果对孩子的教育不得当,经常责备、侮辱他,他也有可能由于无法适应情况而变得结巴。老师能否识别孩子是左撇子还是右撇子这点很重要,因为左撇子孩子在用右手时困难重重,而我们知道这个问题却不纠正的话,造成的影响将会持续多年。

学生:有一个快上初中的十岁男孩,他会使用左右手,身体发育提前成熟,但他一用右手写字就紧张,还哭哭啼啼,说他不会写。面对这样的案例,您会如何处理呢?

阿德勒博士:那是因为没人好好地教育他。

学生:他的钢琴弹得很好。

阿德勒博士:你可以利用他对钢琴的兴趣来训练他用右手。这应该由一个跟他没有利益关系的人来教,要从科学的角度来跟他沟通。你看,通过弹钢琴的方式,孩子的双手都能得以锻炼。

学生:您建议对左撇子孩子进行动手方面的训练吗?

阿德勒博士:当然,而且必须这么做。很多左撇子球员和拳击手在经过训练后,右手可以比左手反应更敏捷。只有拼命练习的人才会成功,特别是左撇子在艺术方面可以获得的成功。还是让我们回到这个案例上来,罗伯特面临的最大问题就是学习。你们还记得刚才他一进来就马上黏着母亲吗？这是他整个人生的写照，他希望得到母亲的支持。如果他能遵从我们的指导，我们会在短时间内看到他的进步。

学生：您建议在某些情况下也可以体罚这类儿童吗？

阿德勒博士：你们要相信一点，我是坚决反对体罚的。我的方法是先对儿童早期的成长情况进行研究，之后再向他解释并说服他。打骂这样的孩子你能得到什么结果？就因为孩子在学校表现不好我们就打骂他是没有道理的。他不会阅读是因为没有人正确地教会他，体罚他并不会让他进步。这样做的唯一结果是让他只能接受一旦做不好就会受体罚的后果，为了逃避这种令人讨厌的体罚他就会逃课。如果从教育儿童的层面来看，体罚只会增加教育的难度。在过去，只有那些不知道怎么管教儿童的人才会进行体罚。

自我们接待过这个病人之后，该病人接受了几个月的治疗。一份全面的检查显示：这孩子患了严重的视像颠倒阅读障碍症，这是左撇子儿童特有的阅读障碍。他的左撇子特征非常明显，不仅表现在他完全使用自己身体的左半部分，同时也表现在所有自觉性动作反应和早期形成的动作反应中，他都偏好左手动作。这孩子对单词的内在结构没有任何概念，总是打乱字母的排序，分不清加号和乘号，基本上对字母表里的单个字母之间的发音没有任何概念。他学习使用编辑设计的肌肉运动自觉学习法来阅读，他在两个月的治疗之后，阅读能力远远超过了同龄孩子的水平。我们战胜很大的困难才说服母亲让孩子自己来咨询，但她就是不同意孩子参加男孩露营活动。尽管我们已经在治疗病人方面取得了巨大的进步，但很可能这个男孩的行动还是会一直受限，不能获得完全的独立，这并不是因为先天的缺陷，而是因为母亲异常偏执的母爱。

第三章
通向犯罪的道路

我们今晚研究的病例是关于一个八岁男孩的。病历一开始的陈述如下：

"卡尔，八岁零两个月，2B班，智商九十八。他目前的问题是对家里人、老师和其他男孩子撒谎。他还偷过东西，自五岁起就开始撒谎和偷东西。在这之前没有发现任何问题。"

卡尔的智商九十八，我们可以肯定他不是个智力低下儿童。撒谎是孩子缺乏安全感、软弱的表现。当听说有孩子撒谎时，我们就要想方设法调查清楚，最开始他是自吹自擂，还是因为身边存在他害怕的人而说谎。也许这孩子是想逃避受惩罚、教训和侮辱。

根据病历的陈述，卡尔是从五岁开始撒谎和偷东西的，但他之前并不是问题儿童。如果这种观察是正确的，那么我们推测在他五岁时生活发生了剧变。他很有可能有自卑情结，只关注自己，对别人漠不关心。偷东西的行为证明他感到屈辱，想用对社会无用的方法来增强自尊心。

"母亲私底下告诉老师，她没有跟孩子的父亲结婚，她母亲在她很小的时候就去世了，她十八岁的时候被父亲的一个朋友引诱（发生关系），之后就再也没见过这个人，他也从不知道她生了孩子。"

对于私生子来说，让他对社交感兴趣是相当困难的。在我们所处的这个文明之中，非婚生子是受人唾弃的，在这种背景下长大的孩子不得不自我保护。卡尔成长的环境很恶劣，很多私生子长大后成了罪犯、酒鬼、性变态等，因为他们在成长过程中总是不断地遭到各方阻挠，他们也很容易受到那些看似通往快乐的捷径，实则是非法行为的行为模式吸引。父亲缺席的情况使孩子又少了一个建立社会情感的机会。

"母亲在他五岁的时候结婚了。继父自己有一个比卡尔大两岁的女儿。"

卡尔的问题在他五岁时开始出现，也就是他母亲结婚时。也许他感到继父把唯一能跟他进行社交的人抢走了。我们可以设想他对此的看法——"没人关心我"。由继父带来的姐姐让情况变得更复杂，因为他母亲也得照顾这个孩子。也许姐姐各方面发展得都很好，父亲很爱她。那么一个乖巧听话的孩子更是让卡尔的处境难上加难，毕竟他才五岁，他过去的经历也没有让他拥有足够的勇气和力量来面对这种新情况，因此他变成了问题儿童。

"现在家里又添了两个孩子：两岁半的妹妹和一岁半的弟弟。"

这两个孩子把他的处境弄得更糟。很可能，他确信家里其他孩子更受到父母的宠爱，这就是他已经建立起来的生活风格。

"两岁前他都跟母亲住在一起。之后母亲去了儿童保育院工作，他有三个月时间都在康涅狄格州的育儿农场度过。他在农场很不愉快，回到家了还惶恐不安，对每个人都敬而远之。"

跟母亲住在一起的两年时间里，卡尔也许只关心她。在农场的经历显然对他在发展社会情感方面是没有任何帮助的。

"他在家里跟母亲一起生活了六个月，之后母亲去为一位医生照顾他的孩子。卡尔寄养在邻居家里，母亲每天都来看他。他在那里过得很开心，五岁之前都住在那里，直到母亲结婚。父母双方都是救世军团的成员，父亲还是救世军团乐队的成员。"

卡尔只有在跟母亲亲近时才会感到快乐。父母的职业表明家庭经济条件也许很差。

"当母亲跟老师第一次面谈时哭了，她说：'我真的不知道对卡尔怎么办才好。'"

如果父母都对孩子感到气馁的话，对孩子来说是很糟糕的。卡尔有足够的理由放弃所有的希望，当他感到无助时，他对社会的最后一点兴趣也会消失殆尽。

"当他不听话的时候，父亲用磨刀片的皮条打他。他会定期去主日学校，上周他去了一个新的主日学校。父母给他十五美分，十美分用来坐车，五美分用来捐款。他出门之后母亲担心他会上错电车，所以就跟着他到街角。她看见孩子从糖果店出来，他花了十美分买了糖。"

这些都是很重要的情况，因为我们之前猜测在他周围可能有个很严厉的人存在，现在我们找到了。买糖果只是孩子对自己受到歧视一事的简单补偿。这样的孩子是找不到太多方式进行自我补偿的，买糖果就是最普通的一种方式。

"他最近来学校都会给老师带一盒糖果。"

从他想通过贿赂老师而赢得喜爱这一点来看，我们可以总结出他曾经也是个被娇惯的孩子，也还记得被纵容时的那种快乐。

"他有四美元五十美分，他说这是母亲的。这是糖果店找回的零钱，老师把这些钱放在信封里替他保管，直到放学之后才交给他，还特意强调让他一定把钱给母亲。当卡尔一点钟回到学校后，老师问他有没有把钱还给母亲，他说'给了'。"

没有哪个孩子会在这种情况下做否定回答的，我们不能期望孩子会承认他偷了钱。

"老师晚些时候发现卡尔给他的同学发了新玩具，给有些同学发了钱。"

他想贿赂他的小伙伴们和老师，他肯定是感受到缺爱和不被认可。他行为恶劣并不奇怪，他是问题儿童也不奇怪，大家都不理睬他也不奇怪，但是我们应该意识到，以上种种对卡尔来说，都是支撑他人生主题的证据，这个主题就是："我是最不受待见的。"

"老师说把他母亲叫来了几次，在他对钱从哪里来的问题撒谎很多次之后，他终于承认是他从一个来家里做客的阿姨那里拿的。"

在这种情况下，老师必须巧妙地进行调查，先跟母亲面谈，不要让其他孩子知道他偷东西。

"卡尔两岁的时候是一个正常且健康的孩子，但那之后就变得很虚弱。他每天都多次要求离开教室，母亲带他去体检也没发现什么肾脏问题，他在学校常常手淫。"

这一点再次说明卡尔希望能在教室引起老师的关注。当他发现贿赂老师和同学行不通的时候，他就用手淫来求关注。

"他每晚都尿床。"

如果这是真的，我们即可认定这位母亲没有正确地教会他如何保持清洁。

"家里停掉了他的餐后甜点，但还是改不了他尿床的习惯，他已经六个月没有吃甜点了。父母答应他，如果他一周都不尿床的话就给他二十五美分，但他从未停止过过尿床。"

如果他的生活风格就是这样，就是要引起母亲关注，那么任何方法都无法让他丢弃像尿床这么重要的武器来对付母亲。怎样才能让这孩子停止尿床呢？他的目标就是获得一种无用的优越感：成为所有人关注的焦点。他必须跟随这种风格行事，如果有人破坏了他的这种方法，他一定会努力再找到另一种方法。不给这类孩子甜点只会让他更想要糖果，母亲强迫他停止尿床只会加强他的落魄感。他已经失去了用正当手段来赢得家人关心自己的希望了，但他仍然知道如何成为被关注的焦点。

"他得过腮腺炎和严重的百日咳。两年前他的胃还出了问题，严格地控制了饮食一年，但之后就再也没有什么毛病了。"

对于一个孩子来说，患有胃病且一整年都严格控制饮食这种情况并不常见。控制饮食加上取消饭后甜点，让事情变得更复杂，他的成长环境太有意思了。

"他能回忆起最早的事情是在两岁的时候，他把母亲的梳妆盒从窗口扔出去，街上的男孩捡到之后送回家里来。'我还太小了，所以没有受到惩罚。'"

管教不当的孩子在感到自己没有得到足够的宠爱时会从窗口扔东西，这种情况并不罕见。在我其他案例中也有个孩子，他有个比自己小几岁的妹妹，他把手边的所有东西都扔出窗外，直到他患了焦虑性神经症，父母才停止惩罚他的这种恶劣行为。他的这种焦虑神经症主要是因为害怕自己往窗户外扔东西而产生的，所以他整天都在哭闹。他找到了另一个获得关注的办法，即夸大恐惧，他也由此再次变得淘气。

惩罚这种类型的孩子只会加剧事情的恶化，因为孩子并不了解真实的情况。如果你问这孩子在家里是否受到忽视或者歧视，他通常会说"没有"，但你会看到他总是做一些事情，好像在说："你快来，多多密切关注我呀！"撒谎、手淫、偷东西和尿床都是这孩子无意识中运用的手段，因为他希望自己被关注，害怕自己被忽视。

有意思的是，卡尔最早的记忆和处罚有关系。他好像在说自己一度是可以免受处罚的，但是如今，如果他还做同样的事情，就会被惩罚。我们知道，有些孩子是真的不抗拒挨打的。你打他们的时候，他们只会对自己说："我必须更狡猾，这样就不会被发现了。"这是训练犯罪的最佳方法，也正是我们在本案例中最害怕出现的情况。

"他的雄心壮志是当医生。他大姐准备成为一名护士，他想在姐姐那家医院上班。"

他真正的野心是付出最少的努力就可以超越所有人，想当医生是实现他野心的具体方法。由于他一直生病受过很多苦，母亲也一直在医院工作，我们可以理解卡尔当医生的愿望就好像是当上帝一样。另外，他想至少也能跟大姐一样，他也知道医生在医院里的职位是比护士要高的。这是典型的次子想要超越哥哥姐姐的心理。这是个简单而又常见的故事，但卡尔对踏入社会却准备不足。他显然是处于防守状态，我们治疗的方向是让他感到他自己在家里跟兄弟姐妹是平等的，家里人也没有低估他的能力。我们要向他解释，为什么行为举止得当会比行为恶劣更重要。

我们要教会父亲跟孩子相处，而不是用皮带来打他。我相信在救世军团工作的父亲会接受我们的建议，我还相信我们的正确指引也能影响母亲。当然，这些问题还是很棘手。如果相对现在来说，卡尔将来在家里会感到更不愉快，与其跟绝望的母亲、严厉的父亲和受偏爱的兄弟姐妹一起住，还不如让他到一个更好的环境中生活。

我们要跟母亲说清楚为什么卡尔感到自己受忽视。儿童在不了解自己身处的情况时常常会犯一些错误。母亲是家里重要的一员，她会影响孩子，她更能让孩子感受到别人的认同。我们应该指导卡尔多交些朋友，并且告诉他，如果他对小伙伴感兴趣，不需要去贿赂人家，做一个忠实的朋友就可以了。这个案例给我们带来了一些启发：家庭环境如何滋生犯罪。等孩子已经被耽搁了我们才意识到他是个罪犯，就再也没有意义了。现在就是我们应该开始干预的时候了。

会议

学生：您认为父亲的宗教信仰和实践是否导致孩子走向相反的方向呢？救世军团的成员非常严厉，他们要求孩子在晚上对白天做错的事忏悔、赎罪。

阿德勒博士：除了我已经提出的那些孩子犯错的理由，我不认为还有其他什么理由。你们要注意一点，不要过分解读案例中并不真正存在的信息。如果我听说他正承受着某些宗教权威的压力，那我也许会考虑你的观点，但案例中并没有提供这些信息。尽管如此，你提出的解释或许也有价值，但却是从另外一方面来诠释的。如果这孩子变得彻底反叛的话，他有可能会攻击父母最敏感的地方，换句话说就是攻击他们的宗教信仰。最近，一位杰出的德国社会学家发布了有趣的统计数据，他发现很大比例的罪犯来自执法人员家庭。没人能解释为什么很多法官、律师和老师的孩子在长大后成了罪犯。在我看来，合理的解释就是我刚刚提到的，挑衅的孩子会攻击他们父母最敏感的地方。也许这就是医生的家庭成员罹患那么多疾病的原因。

有人叫了卡尔的母亲过来，但是她不太情愿进来。

阿德勒博士：这位母亲的犹豫证明了她缺乏勇气。也许她羞于公开讨论自己孩子的恶劣行为，或者她正在哭泣所以没进来。我们要做一切努力安慰她、鼓励她。可能你们有些人奇怪为什么我不出去见她。我知道她也希望我去，但我要在这儿等着，因为我更希望她会认为我们对他儿子的案例很感兴趣。我想跟她安静地讨论她儿子的不妥行为，就好像讨论那些常见的、容易纠正的行为一样。

母亲进来了。

阿德勒博士：我觉得卡尔的错也没有那么超乎寻常，尽管很多家庭和老师都认为这是悲剧。儿童不可能总是在正确的道路上成长。有一次我进到一间教室去问全班学生："在这个房间里有谁从来没偷过东西的？"我发现所有孩子都曾经偷过东西，老师也承认自己偷过东西。我们不要把偷窃当成恐怖的事情来看待，特别是当孩子察觉到母亲对自己感到绝望时，他会感到非常气馁。你可以试着去赢得卡尔的信心，去鼓励他，让他相信你对他的未来充满希望。他对家里其他孩子的态度如何？

母亲：看上去他是很喜欢他们的。

阿德勒博士：他会不会有时候感到嫉妒？

母亲：他有个异父异母的姐姐，我觉得他们之间有点儿相互嫉妒。

阿德勒博士：这个姐姐是不是发育得很好、很聪明，大家都爱宠着她？

母亲：是的。

阿德勒博士：在某些家庭里，如果一个孩子取得巨大进步，那么其他孩子就会害怕跟他竞争。这是很难避免的，因此你还是尽量让这两个孩子和好为好。我觉得你儿子认为自己受人嫌弃，他之所以会撒谎、不守规矩，是因为他在一个不愉快的环境中长大。你要让他觉得大家会原谅他，你还要理解为什么他感到嫉妒和自卑。只要他肯和这个姐姐和好，他就会有勇气在学校成为一个更好的学生，大家眼里更好的孩子。卡尔特别依赖你吗？

母亲：是的。

阿德勒博士：他也同样依赖他父亲吗？

母亲：他很尊敬他的父亲，但好像又不太亲近他。

阿德勒博士：你觉得父亲有没有可能给卡尔一个机会呢？他们可以偶尔一起散步，聊聊大自然和世界。父亲有时间做这些吗？

母亲：有的，我想他会的。

阿德勒博士：我见过很多这样的男孩，我相信他一旦感到跟其他孩子一样受到关爱，他就会马上取得巨大进步的。他当前的行为表明他缺乏信心，他不相信自己也能像姐姐一样优秀，但是只要让他知道如何赢得你的赞许，他这种错误的思想是可以纠正过来的。就算他犯了错，我也不希望你像从前那样惩罚他。你现在应该明白一点：体罚他或者不让他吃饭后甜点的做法都没有益处。如果他还撒谎或者偷窃，你就跟他说："你觉得自己又受到不公平待遇了吗？告诉我你想要什么。"这样的对话会让卡尔眼前一亮。我还觉得你可以用同样的方法教会他如何在夜里保持干净。根据我的经验来看,孩子尿床是希望有人来照顾自己。你看,如果你晚上要起床照顾他,他就会感到自己还是像婴儿一样接受照顾。他怕黑吗?

母亲:似乎什么都不会影响他。

阿德勒博士:我们的想法也许是对的,他之所以犯错是因为他在跟姐姐争夺父母的宠爱中失去了希望。你愿意让我去鼓励卡尔吗?

母亲:好的。

母亲走了出去。

阿德勒博士:你们看到了吧,我们找到了正确的线索:对异父异母姐姐的嫉妒。我们可以将他从这种不愉快的情况中解救出来。

孩子进来了。

阿德勒博士:我知道你在学校是个好学生。如果你专心、努力学习,你的朋友和老师都会喜欢你的。只要你努力了,你就会跟姐姐一样在学校表现优秀。你觉得怎么样?

卡尔:我觉得很好。

阿德勒博士:他们跟我说你想成为一名医生,这是个非常好的职业。我也是医生。要成为一个好医生,你必须对别人比对自己更感兴趣,因此在别人生病的时候你才能知道他们需要什么。你要成为病人的朋友,不能只是考虑自己。如果给人家礼物人家就喜欢你,这不是真正的友谊。如果我真的喜欢他，我就不会对他撒谎，这样他才会成为真正的朋友。我觉得你能做到，我以后会再来问你。我知道你有个比你大的姐姐，她懂得比你多一些，但这不重要。只要你按照我刚才说的做，你就不会被批评或者惩罚了，你很快就会赶上她，跟她一样棒。听到这些你觉得高兴吗？

卡尔：是的。

阿德勒博士：你应该跟姐姐成为好朋友，对她感兴趣。她喜欢你吗？

卡尔：喜欢。

阿德勒博士：那么事情就很简单了。在她忙的时候你不要打扰她，在她需要帮助的时候尽量帮助她。尝试一下，看看你能不能找到她的学习方法，然后你也照着做，这样你就能跟她一样优秀了。总是从她或者母亲身上索取东西是不会让你变得更好的。你要学会等待，做好自己分内的事，展现你的价值。有时候世界对我们不公平，但是我们要坚强起来，不要对我们自己不公，学会对他人感兴趣，不欺骗他人，才是赢得大家关爱的好方法。

孩子离开了。

阿德勒博士：我对孩子说的这些话是因为我相信他并不清楚自己为什么要撒谎，为什么要偷东西。他完全泄气了，他在困惑中垂死挣扎以确保自己的地位。父母现在应该保证给予孩子宠爱和关爱。

老师：父亲说他偏爱女儿。

阿德勒博士：我们要指导父亲别显露出自己的偏心，我提出让他跟孩子一起散步这种简单易行的方法，这样卡尔就能感到受尊重、认可，多少能感到父亲也是喜欢自己的。

学生：如果他再次撒谎和偷窃，母亲应该怎么做？

阿德勒博士：母亲应该跟他说："你又失去了与姐姐竞争的希望了吗？我相信你能成功的，但不能靠撒谎和偷东西。"母亲尤其不能绝望。这类孩子长大后自杀的案例也不少，我们应该避免这样的结局。

第四章
想当孩子王的男孩

今晚我们研究的是约翰的病例，他差不多九岁了。这是他目前的问题：

"他跟其他孩子相处有问题。他总是喜欢打闹，在学校扰乱课堂秩序，做些傻乎乎的事情来引起别人的注意。他跟其他孩子没法好好相处，总是希望生活在聚光灯下。"

如果男孩跟其他孩子相处不好，也许是他缺乏社会兴趣；如果他靠打闹来吸引注意，应该是他不够勇敢去面对自己生活中的问题，无法以对社会有用的方式来解决问题。

"父母在家里总是很难管教他，在学校老师也管不了他。他老是淘气，不听从安排。"

约翰在家里和在学校的行为一样，显然他认为这两种环境都是相同的，因此我们可以得出结论，无论是在家里还是在学校，他都没有得到大家的认可。他非常淘气，不服从安排也不奇怪，因为我们不能期望叛逆的孩子会听话，这是矛盾的。

"母亲说，很小的时候有一个很严厉的护士照顾了他十六个月，这位护士不允许包括父亲在内的任何人在晚上六点之后进他的房间。"

这个护士对孩子的父母也很严厉，孩子睡着时不要去打扰他是对的，但我不明白为什么他醒着的时候也不让人去看他。很明显，孩子只能跟护士沟通，然而她缺乏引导孩子发展社会兴趣的技巧，约翰就在这种不利条件下成长起来了。我们可以在了解他的最早记忆之后再来证实这一点。

"这个家庭由父亲、母亲、患者和一个大约三岁的妹妹组成。"

这是我们再熟悉不过的组合。男孩差不多九岁，在很长一段时间里他都是家里的独生子。他这种反叛的态度不一定是由于妹妹的出生引起的，他那独生子的性格可能才是其反叛的原因。至于他为什么为求关注而打架，有点让人摸不着头脑，也许是他生活中发生了一些事情，使他的处境恶化了。

"父母的关系很正常，他们相处愉快。孩子只服从父亲的指令，他过去对孩子极度严厉，只要他做错事就会狠狠地惩罚他。"

我们都知道不幸福的婚姻会阻挠孩子社交观念的发展。但另一方面，如果孩子在非常和睦的家庭里长大，他可能会在很长时间内把自己当成小宝宝，这样的家庭氛围还会给他们带来自卑的感受。父母在孩子面前不应该向对方表现太多的爱意。如果约翰只听父亲的话，那么有可能母亲很软弱，孩子选择她来进行攻击。处罚的方式最能阻碍孩子发展社会情感。也许约翰对护士和母亲建立了一些社会情感，但他无法跟采用体罚方式的父亲建立任何纽带，孩子可能最后还会恨父亲，希望他能够走远点儿或者干脆死掉。这种态度是孩子长期无法适应生活的结果——弗洛伊德的俄狄浦斯情结（Oedipus complex）。这是个人为产生的问题，体罚孩子会导致俄狄浦斯情结，引导孩子培养对父母双方都感兴趣就能避免这个问题。

"当和母亲单独在一起时，他就很淘气，到处惹是生非。她很紧张，孩子不听她的话让她很烦恼。他很清楚只要是跟母亲在一起他就能随意行事，母亲拿他一点办法也没有，因此父亲承担了所有教管责任。"

约翰的母亲在孩子面前抱怨她的痛苦和疼痛是不合适的。孩子总是比父母强大，跟比自己强大的人较劲是无意义的。我们不太明白她在说"他不听我的话"时究竟想要表达什么。也许是母亲对约翰要求太高了，但孩子像小狗一样听话也不是件好事。父母和孩子之间的关系应该像朋友。我见过很多父母要求孩子盲目服从。这个母亲的行为就像那些无助的人一样，她们总是说自己在孩子面前束手无策，于是把整个问题都转交给父亲。

"小女儿十分聪明、听话、可爱。父母常常在约翰面前提起他妹妹是多么细心、听话，她的行为就是典范，他应该向她学习。"

如果家里的一个孩子不听话，那么其他孩子的行为常常会被作为典范。听话的孩子本性也不一定就是友善的，也许只是个会投机取巧的人，知道给父母带来宽慰能获得什么好处。我记得有个家庭，女儿在妹妹出生后变得非常叛逆。妹妹总是很乖巧，父母整天表扬她，是家里的模范小孩。她其实是找到了一种方法可以让自己得到想要的一切，但这个孩子上学之后发现自己享受的娇惯都没有了，在她往后的生活中，她一直都在争论种种问题，因为她没有勇气冒险、犯错。她没有朋友，没有工作，也从来没有谈恋爱，一生都没有结婚。她没办法通过有用的方式来成为模范和被关注的中心，因此患上了强迫症，这种病会驱使她将所有的东西都擦拭得一尘不染。她认为自己是世界上最纯洁、最干净的人，她实现了把自己抬到至高无上的地位这一目标，只要有人接近她或者碰了她，她都会认为是对她的亵渎。在约翰这个案例中，也许妹妹喜欢成为模范倒不是因为她的社会兴趣使然，而是这让她感到骄傲，想得到父母的宠爱。尽管如此，当我们得知这个男孩还是喜欢妹妹的时候也不要惊讶,如果是相反的情况也一样不出奇,在这种案例中这两种情形都有可能存在。

"父母表扬妹妹,约翰似乎对此也不怨恨。他说她很可爱,他很爱她。母亲担心男孩会教坏妹妹,担心妹妹以后就不会那么乖巧了。她已经看到他教会妹妹做鬼脸,学他装模作样了。"

也许约翰不讨厌妹妹的乖巧,是因为他觉得自己的战斗态度是更高超的技巧。他发现相对于听话来说,战斗模式可以获得更多的权利,而且妹妹似乎也开始赞同他的做法了。

"母亲和父亲共同经营着一家生意不错的商店。母亲早上九点离开家,晚上六点半回来,其间由保姆和护士照看家里,保姆和护士则由她监管。家里很整洁,整个室内布置都很有品位;家里有六个卧室。约翰和妹妹住一个房间,但不同床。护士跟孩子们也在同一个房间。"

由此可见,对孩子的管教似乎大部分由护士负责,但当一个孩子叛逆时,他是不会尊重护士的,因为他知道护士是父母雇用的,孩子们很快就能区分父母和用人。约翰可能一直都在指使护士,现在他甚至想控制整个家庭。

"约翰出生时很正常,体重七点五磅,从一开始就是用奶粉喂养。他得过风疹、白喉和腮腺炎,扁桃体也已经切除了。因为他很容易疲倦、精神紧张、肌肉控制能力差,所以家人带他去神经专科医院看过。"

本案例牵涉到几个医学问题。尽管奶粉喂养不是养孩子的最佳方式，但我也见过喝奶粉长大而且发育不错的孩子。贫血、营养不良的儿童都常表现为肌肉无力，容易疲倦，但是我不认为约翰是这类儿童。儿童和成年人中有某种疲倦类型，或多或少是他们为应对生活对自己提出要求时的防御措施。我认为这是他不喜欢学习，想玩耍的借口。在与母亲的对抗中他可不是那么容易感到疲倦。

"约翰似乎在需要的时候却记不起事情。他穿衣服很慢。"

那些没有培养社会情感的儿童不喜欢集中精力，因为他们拒绝合作，对他人不感兴趣导致他们的记忆力很差。第二点就确切地证明了他是个受娇惯的孩子。只有这种类型的儿童才会有穿衣、吃饭等方面的问题。也许所谓严厉的护士之前对他太过纵容，之后他又受到严厉管教，更换不同护士足以让他变得叛逆。

"他穿衣服的时候慢吞吞的，得有人在旁边帮他穿好才不会迟到。他上学常常迟到，因为他穿衣慢，或者因为他在报刊亭停下来看报纸头条。尽管晚上九点约翰就睡觉了，但他早上还是特别疲倦。"

如果约翰上学想要不迟到，他就会很快穿好衣服，但是学校对他来说就是个不愿意面对的地方。他在寻找自己可以控制的环境，但学校不是其中之一。现在早上起床对于他来说就意味着"我得去上学"，他很犹豫，很疲倦，因为这就是他逃避现实的最好表达方式。

"他说他喜欢父亲和母亲。"

我不相信。如果你问一个孩子："你更喜欢谁，妈妈还是爸爸？"他会说："都喜欢。"儿童都是经过这种训练的。即便他们没有经过培训但也够聪明，他们知道说喜欢父母中的一个是不对的。如果你一定要知道孩子喜欢父母中的哪一个，别问这样的问题，而是观察他的行动。

"他只听父亲的话，父亲的管教很严厉，他不会听其他人的话。母亲纵容他，每天都求他在学校做个好孩子，但他根本不理。"

母亲的请求毫无用处，掉眼泪、发脾气也没用。这个孩子的目标很明确，他就是要避开那些大家不偏爱他的情形。他最大的问题就是身陷自己无法控制的处境。母亲的请求和哭泣都没有意义，越是把孩子往不愉快的处境中推，他就会反击得越厉害。有时候这种哀求似乎能推进儿童的成长，但失败总是随之而来，因为孩子的真正目标与强迫他接受的行为是相违背的。

"母亲说孩子单独和她在一起的时候，他就会为所欲为，非常不听话，很淘气。他很喜欢跟妹妹玩耍，但不喜欢护士，有时候会捉弄护士。上周他用水枪对着她的嘴射水。父亲罚他不许在睡觉时间玩水枪。他觉得生活真有趣。"

在孩子跟用人之间的关系中我们发现了他最真实的

社会情感，我们也认为他视人生如儿戏，这跟被娇惯儿童的行为风格相一致。我记得在另一个案例中这种特征更是明显。某个在学校的孩子，不管发生了什么事情他都能开玩笑、哈哈大笑。老师问他问题，他就只会大笑，并不回答问题。老师认为他是智力低下，带他来见我，在我赢得他的信任后，他自在地跟我谈话："我知道他们想愚弄我，学校就是家长创办的，他们用学校来愚弄孩子。"不要嘲弄孩子。在刚才提到的案例中，这个孩子的态度就是从父母那里学来的，他们从他小时候就开始嘲弄他。他是一个好斗的孩子，父母让他认真、严肃些，他不肯。这种类型的人在今后的生活中一旦发现这个世界并不是那么有趣的话，有可能会自杀。

"约翰时时刻刻都想着玩，想着装疯卖傻。他想惹恼老师。他完全没有责任感，对他人的权利完全没有概念。在班里他没有朋友。"

这时你应该能看出这个孩子是如何娴熟地用小伎俩来逃避在教室里的责任和任务了吧，同时他还能确保自己处于大家关注的中心。当我们真正明白他的生活风格之后，我们要承认他确实相当聪明地逃避着责任，对别人的权利不感兴趣。如果我在了解了约翰的整个经历之后，又得知他喜欢去上学，我必然会怀疑他的精神状态。

"他的同学都把他当成害人精。他总是那么令人讨厌、推推搡搡，还老是踩别人的脚。他总是用脚去绊别人或者跟身边的孩子打闹,我总是叫他坐在我桌子旁边,或者是第一排,这样我就可以控制他的行为。他下楼时根本就是乱撞,我总是很担心他会绊倒、摔跤或者伤到别的孩子。他似乎很难控制自己的肌肉。"

从约翰的报告中就可以很明显地看出这一点:他认为自己已经征服了老师,他赢了。我经常看到被异常娇惯的孩子在队伍里调皮捣蛋,但是我很少见到被如此娇惯的孩子却不能保持平衡。也许约翰就是要扮演笨手笨脚的孩子来逗乐别人。此外,还有一些儿童不能好好走路,因为没人教他们学会为了自己而活动,这些儿童本身也对学习不感兴趣,因为依赖他人就是他们的风格。

"他在街上的玩伴是五个在露营时认识的男孩。"

我不太相信他在街上玩耍或者打闹时也有肌肉控制性的问题。由于他已经形成了独生子的风格,我估计他更倾向于跟比自己大一些的男孩玩。虽然不是每次都对,但我们总是发现独生子会跟比自己大的孩子一起玩。你可能会觉得这个孩子总是逃避问题,怎么会有这样奇怪的勇气跟比他大的孩子一起玩?但我相信他和他们在一起的时候,他能确定那些孩子不会攻击他,所以他才会跟他们一起玩。

"他总是跟那些在家附近的男孩打架。他最喜欢打架,而且总是抱怨其他孩子挑起事端。他跟学校的孩子打得很厉害,后来父母不得不把他关在家里,直到下午还有十分钟上课时才让他出门,很多家长都投诉他打架。他喜欢玩警察抓小偷以及其他街头游戏。"

这种对英雄主义的低劣模仿并不算什么勇气。

"他喜欢侦探抓小偷的神秘故事。他很爱阅读,读书很多,而且读得很快,总是喜欢鬼怪故事和神秘传说等。他没参加任何社团。"

我们现在有足够的证据证实他就是个教养不当的孩子,他总是想尽方法来赢得关注。

"自五岁半以来他一直都参加露营活动,而且很喜欢运动。他非常淘气,露营教练想把他送回家,但是辅导员喜欢他的聪明,请求将他留下,主要是因为他说起话来总是一种很无辜的神态。每年辅导员都帮他铺床、打扫帐篷等。他露营时把帐篷搞得乱七八糟,老是迟到,不听话,但无论在哪儿他都能找到方法逃避责任。"

我非常赞成孩子参加露营,但我必须说清楚一点,如果孩子的生活风格已经形成,你不能期望一次露营就能改变它。如果露营活动中有人能彻底理解这个儿童的生活风格,它也许能发生改变,但是如果相信露营一定能改善孩子的坏习惯,这就太愚蠢了。约翰甚至在露营中都能实现自己的目标,凸显自己无用的优越感以及寄生关系,这都是通过他狡猾的手段和假装可怜来实现的。

"他展示了自己的高智商,喜欢做算术题。他喜欢作业,对他学得好的科目从不抗拒。"

这些信息很有用。也许他在算术方面做得很好，因此很想继续取得进步。如果我们适当地放任他，同时引导他对有价值的事物感兴趣，我们其实可以解决他的问题。将来这种方法就不是那么适宜了，但现在我们必须先从赢得他的信任开始，教会他用我们的方式来思考。他并没有做错，因为他自己都不知道他目前的人生主要兴趣就在于逃避责任。

"他的心理年龄比实际年龄要大一岁。在读1A班时，他喜欢他的老师，上课时非常认真听讲，他的品行得了B，成绩为A；一个月之后他就升上了1B班，他不喜欢这个班的老师，品行只拿了D，而成绩为B；在2A班品行是C，成绩为A；在2B班品行是D，成绩是A；而在3B班时，他的成绩一落千丈，品行D，成绩C。他学得最好的科目是阅读和算术，尽管在肌肉协调测试中显示他已达到十岁年龄的水平，但他学得最差的是体育。"

他似乎并不是因为器质性的原因而导致身体不协调，我们怀疑他是因为特别不喜欢体育锻炼而故意假装成笨手笨脚的样子，也许在体育馆里有人批评他。

"他很快就感到疲倦，才上完几节课就必须躺下。老师不让他用墨水写字，因为他会弄得全身都很脏；他的作业很乱，画画很糟糕。"

也许他下课之后感到疲倦只是用来捉弄老师的伎俩。

"由于在课堂上捣乱，校长只能经常叫他去校长办公室。校长说约翰不会笑，整天愁眉苦脸的样子太糟糕了。他这种愁眉苦脸是为了让人觉得他很无辜。"

如果叫他去校长办公室两三次都达不到什么效果，那这种方式就应该停止了。微笑也许是很多种感情的表达方式，但是期待这么个叛逆的孩子会常常微笑是不现实的。他就是要扮演一个受冤枉的可怜人。

"每当受到批评时，他都回答得很柔和，奶声奶气的。他一直不停地说起这件事，好像连气都不用喘。他从不需要借口来掩盖自己的行为，常常用撒谎来为自己开脱。"

他可能是想通过滔滔不绝的说话来打败比他优秀的人。他这么狡猾，都是因为他想逃避父亲的管教。

"1928年1月，父母带他去大学的心理医生那里检查过。检查报告显示，他的体检情况为：'生理方面：身高和体重都高于正常水平；视力偏低但戴眼镜即可；需要治疗牙齿。心理年龄为十岁三个月；肌肉协调能力和人际关系协调能力处于十岁水平；理解能力为4A水平；算术理解为5A水平。'"

检查结果提醒我们一点：这孩子存在着器质性的缺陷，由于没人鼓励他，他不愿意去改善这种情况。

"父亲要求在街上玩耍的约翰五点回家，但是约翰不服从，从不按时回家。他的那伙人立了个规定：在每天的集体聚会前离开的人要挨六十拳。约翰当然情愿打别人也不会让自己挨打,所以他都是在规定的时间之后回家。他不记得父母交代的事情,他父亲对此无法理解,因为约翰是个聪明的孩子。约翰的朋友有五十美分的零花钱,他也想要。他父母认为他不需要这么多钱,毕竟父母在家里已经给了所有他需要的东西了,父母不希望他浪费钱。约翰的朋友曾经跟他一起去上主日学校,但他们现在决定不去了,约翰也跟他们一样不想去了,可父母坚持让他接受宗教的熏陶。"

以上种种迹象表明约翰更愿意跟他那伙人混在一起,因为他在团体之中有很重要的地位,他在那儿感觉更快乐。由于父母的要求不符合自己的生活风格,所以他总是记不起父母的要求。

"父亲希望约翰在品行方面拿高分,为此他十分焦虑。约翰每天都拿一张品行卡回家,父亲想通过奖励的方式,让他做得更好。父亲为好品行设立了现金奖励办法,如果约翰拿到B就可以得到十五美分的奖励,B+就可以得到二十美分,A是二十五美分;但如果约翰拿到C的话,他就要付给父亲十美分,D则是二十五美分。最近约翰的品行分是D,他父亲责骂他,还跟他说如果再带D回来惩罚会更严重。很不幸的是,约翰那天又拿了个D回家。"

尽管完全是出于好意,但父亲其实仅做了些表面文章。如果一个孩子的生活风格需要叛逆,那么通过物质奖励的方法来让一个叛逆的男孩学好是不可行的。我们必须

第四章 想当孩子王的男孩

清楚一点，体罚这个孩子比什么也不做更糟糕。

"他在学校的成绩非常好，但是行为恶劣。他扰乱课堂，在课堂上自言自语或者跟其他同学讲笑话，还扮演小丑来吸引大家的注意。他的书桌乱七八糟，有些书在椅子上，有些在地上，纸张散落得到处都是。他的字也写得很乱，就跟他早上穿得整整齐齐的来学校，到晚上就变得脏兮兮的一样。班上另外一个男孩的父亲来学校投诉：约翰威胁说要跟他儿子打架，还打算放学后在某个街角等他。这孩子很害怕去上学，因为他担心约翰会打他。班里的孩子都不喜欢约翰，因为他总是想当头儿，还不允许其他人指手画脚。"

我们之前提出过这孩子的生活风格，这些都是更进一步的佐证。如果他打架很厉害，那么他的肌肉协调能力就不可能这么差。

"约翰去父亲的商店时，会在街上玩到五点才过去，然后在店里待到六点才回家吃晚饭。他要在厨房里看书，直到护士跟他说妹妹已经睡着了，他才会在九点回房睡觉。下雨天，他就去父亲的商店看书。"

也许他喜欢看书的原因之一是他不喜欢现实，更乐意沉浸在幻想中，觉得自己就像书里所描写的英雄一样。

"孩子的家教不够严，父母都宠溺他，放学之后的好几个小时任由他一个人玩，导致他养成了很多坏习惯。他似乎染上了一些帮派流里流气的习性。他不怕黑，也不会在睡觉时大喊,但老是在床上不太安分。"

约翰不怕黑倒是一个不符合他目标的错误,因为这样不管白天还是夜里他都能轻松地引起母亲或者护士的注意。

"他想当一名侦探,那样他就可以抓住小偷;或者当一名医生,可以医好病人的癌症(他的祖父因癌症去世);又或者当一名律师,可以帮助那些有困难的人。"

近来人们把能治好癌症的人当成英雄。根据他描述自己的目标来看,他有一定程度的社会感情,这跟他参与帮派活动是相符合的。街头男孩一直以来都很忠诚,他们对彼此都很忠诚,归属于某个帮派也许对他来说益处多多。他想当侦探而不是小偷也让人宽慰。约翰的档案也不是那么惨不忍睹,他在成长的过程当中也表现出某些好的方面。他最大的问题是搞错了重点,他认为只有通过打架才能变成重要的人。我们必须从这一点来展开治疗,我们应该跟他父母谈谈,劝劝父亲不要再打他,而应该跟他做朋友。他们俩最好一起去旅行,试着了解对方。

很重要的一点是,孩子本人和父母都需要意识到约翰的目标就是吸引注意力。这对约翰来说更困难,我们要花些时间来说服他改变生活的目标,我们必须尽全力来帮他。幸运的是他的老师也在这儿,我知道她十分愿意向约翰说明他的行为,用更好的办法引导他成长。

会议

学生：如果这孩子的目标是出自潜意识的，他又怎么能理性地对待呢？

阿德勒博士：我们要让他的灵魂照镜子，让他看到自己的态度，再与我们向他描绘的态度相比较。如果他能看清自己真正的模样，当他淘气的时候就会想到这一点，那么他的行为就会弱化。只有当他完全理解自己为何如此行事之后，他才会改变。

母亲和父亲都进了会议室。

阿德勒博士：我们花了些工夫才了解你们的儿子约翰，我觉得我们还是有点进展的。对于我来说，只要你们也出自己的那分力，我们可以将他改造成正常的孩子。看起来，约翰的主要目标就是引起大家的关注。有时候他以正确的方式进行，有时候却很顽劣。他在阅读和算术方面取得了很大进步，他对妹妹的行为很让人宽慰，他将来想做一个有用的人也让我们感到欣慰。但是他的不当行为表明他感到自己受到了伤害，受到了歧视。我们想了解他更多儿时的情况。如果我们一开始就溺爱这个孩子，然后又突然不再对他放任自流，不再溺爱，他就会感到好像失去了他的天堂，可能会用一生的时间来逃避所有他不能做主的事情。如果他不能像小时候那样，不需要努力就能成为大家关注的焦点，他就会变得叛逆，以此来抗争。只要他不是最受尊敬的、最强的人,他就会跟母亲、父亲还有其他孩子对抗。约翰拼命地想夺回他认为已经失去的天堂。病例中显示,他在十六个月大之前有一个非常严厉的护士,是真的吗?

母亲:她总是很严厉,不让任何人接近宝宝。

阿德勒博士:你还记得他是否喜欢她吗?

母亲:他那时还太小,还没有想法。

阿德勒博士:第二个护士比第一个更严厉吗?

母亲:我觉得她对他更好。

阿德勒博士:要准确地回忆当时的情况好像不太可能,但也许是护士、用人或者你太过于溺爱这孩子,把他当小宝宝一样对待。你也知道的,这孩子在好几年的时间里都是独子。你溺爱他吗?

母亲:我从来都不。

阿德勒博士:那么我们就只能猜测是护士溺爱他了。但不管是谁,孩子的境况都突然间发生了改变。约翰给你惹麻烦多长时间了?

母亲:两年。他刚刚上学的时候有点问题,但是在七岁之后才开始变得很糟糕。

阿德勒博士:在孩子开始上学时通常是麻烦的开始,因为在学校他不能继续维持自己至高无上的地位。

母亲:刚开始他上的是私立学校,他在那个学校自由自在。

阿德勒博士：也许他觉得转到新学校是从有利的环境转到了对他不利的环境。约翰的行为举止显示他是很聪明的，错的是他设立的目标。除非让他相信只有变成一个有用的人，他才会被爱并受人尊敬，否则他永远都不会改变。我建议你们俩都要努力让他感受到你们是他真正的朋友。如果你们能在这点上赢得他的信任，他就不会再叛逆了。我相信他会接受自己在家里和学校的地位的。带他去见校长、给他低分、体罚他、用钱奖励他都行不通。我劝你们试一下我的方法，如果你们认可的话，我会跟约翰简单说几句，跟他解释他不是个坏孩子，只是你们误解对方了而已。

母亲：好的。

阿德勒博士：谢谢你们。我待会儿跟他谈谈。

父母离开了会议室。

阿德勒博士：当我说孩子还是有希望改好的时候，这个父亲看起来对我一脸质疑。这没关系。如果你向类似的父母提出建议，而他们说"不"的时候，你们也不要固执己见地跟他们争辩，而应该让他们先回去。通常都是离开这里之后，他们的拒绝会变成默许。我主要是想让他们知道约翰并没有错，因为他们一直都认为孩子错了。我们一直都忽略了一点——他们要求他去主日学校。你们看看，由于父母的严厉，孩子也开始厌恶起宗教了。儿童总是选择那些父母特别看重的事情来进行反击。如果男孩在阅读和算术方面都不错,还能打架,我确信他其他科目也能学好,也会在品德方面有优异表现。

男孩走进来了。

阿德勒博士:我听说你想当个像我一样的医生,是吗?

约翰:是的。

阿德勒博士:能够帮助别人解决困难是一件非常有意思的事情。这很好理解,否则就不会有这么多医生了。你有很多朋友吗?

约翰:是的。

阿德勒博士:很要好的朋友吗?

约翰:是的。

阿德勒博士:你喜欢他们吗?

约翰:是的。

阿德勒博士:这很好。你是当头儿的吗?

约翰:我们轮流当。

阿德勒博士:你是不是想永远都当头儿?做好事时当头儿非常棒,但有时候男孩认为在做坏事时当头儿更棒。在做好事时当头儿是需要相当大的勇气的。在我看来,你总是想成为焦点。你还小的时候,他们都宠着你吗?

约翰:没有。

阿德勒博士:你再想想。也许你觉得你已经不再像以前那样受到瞩目了,所以你认为唯一能吸引别人的注意力的方法就是在课堂上捣乱或者跟母亲吵架。也许你还没找到其他方法,但我相信像你这么聪明的男孩可以做得更好。我知道你能做到任何你喜欢的事情,我还知道你可以成为学校表现好的学生之一。也许你不相信,也不敢尝试。如果所有人都说"约翰真是个好孩子",你不高兴吗?为了引起大家的关注就去打扰别人是非常懦弱的行为,帮助别人需要更多勇气。你是不是有足够的勇气尝试一下呢?你认为要花多长时间你才会变成班上表现好的学生之一呢?我觉得你这么聪明,在两个星期之内就可以做到。你能不能两周之后来找我,告诉我你进行得如何?

约翰:好的。

第五章
成长的恐惧

我们今晚要讨论的病例是关于乔治的,他六岁零八个月大,在读1B年级。病历上显示是母亲带他来的,希望我们能帮他纠正说话问题。他说话时像个婴儿;他还有其他的毛病,比如做鬼脸、扮小丑、假装不会认字、不会回答问题。他的智商为八十九。这种说话的特点有可能是器质性缺陷造成的,但只要这孩子还有其他的坏毛病,就说明他在某些方面适应有问题。如果情况确实如此,这孩子说话不清楚有可能是他想回避跟其他小孩接触,或者是想把圈子缩小到自己认为安全的范围以内,我们必须找到其他证据来证明这种设想。他可能还有邋遢、不合群、挑食、胆小等毛病。既然智商有八十九,他肯定是个聪明的孩子,因此他表现得像个婴儿一定是有目的的。根据我之前的经验,我怀疑这孩子是害怕长大。我认识一个五岁的男孩，他总想用奶瓶喝水，很显然，这表明他一定要把自己置于婴儿期的有利地位。他有自卑情结，这样的孩子不会说"我不想长大"，但他的行为却是回避新环境——那种他不了解的新环境。就算这孩子明明（有意识地）知道他不想长大，但他对自己之所以犹豫的原因不甚清楚（潜意识的）。意识与潜意识从来不相矛盾，它们是同一方向的两股溪流。

希望自己永远是个宝宝的儿童几乎都有坏毛病。他选择这个目标的原因十分重要。也许他一直都是受娇惯的孩子，也许他之前是个俊俏的宝宝，也许他刚出生就生病了，抑或他是独生子或者老幺。他扮小丑和做鬼脸都能极大地吸引大家的注意力，这就证实了他是个受娇惯的孩子，他为了正在逐渐逝去的受宠地位而战斗。他说话像个小宝宝并不是缺点，而是天才的表现，婴儿式说话和做鬼脸都是儿童神奇的创造性的一部分。鉴于他要想让大家都认可他还是个宝宝，你不得不说这种方法最为有效。很多儿童都有方法变得滑稽，有时候他们无意中做了些引起他人大笑的事情，之后他们就会不断练习类似的行为，直到真的成为逗乐的艺术家。

乔治假装不会识字，别人就会帮他。他把自己变回小婴儿时期的样子，那时候的他是不需要识字或者回答问题的。如果因为他的这个小把戏而责备或是惩罚他就大错特错了。他并没有撒谎，他正在追求自己的目标，而不是他父母为他设立的目标。如果他的目标是成为一个好学生，他就会学着识字和回答问题，但他现在假装"我不会"，这在心理层面其实是想说："我是个婴儿，你可不能期待我做什么。"

病历上显示：

"他的家里有一个十四岁的哥哥和两个分别为十一岁和九岁的姐姐。"

这就第二次证实了我们的猜想：老幺很有可能是被娇惯的孩子。

"哥哥和姐姐们经常跟乔治吵架。"

这就有趣了，因为这表示乔治并不是那么的懦弱。如果他毫无勇气的话，大的孩子基本上很难和他吵起来。

"他跟姐姐们相处得不错，特别是和十一岁的那个姐姐。大姐是个很有能力的孩子，在母亲生病期间，她在家里代替了母亲的位置。"

大姐显然如他所愿地关心他，照顾他。母亲可能是先宠着他，后来姐姐偶尔也模仿了母亲。

"哥哥打乔治，不喜欢他的朋友，他说乔治的态度很恶劣。"

这些"恶劣的态度"正是一个小宝宝的样子。我没觉得这有多可怕，我认为它们很有艺术性。如果他想要扮成一个婴儿，他就得像个婴儿一样保护自己。他不会改变自己的目标，因为他没有深刻地了解自己的境遇。让乔治去理解成长就意味着获得更多的能力,这不是一件多么困难的事情,努力进步要比找回失去的天堂更好。

这就让我们意识到学校的价值所在,如果他的老师能鼓励他,教育他,让他掌握成长的艺术,那么他的面前将是一条通向未来的光明大道。我们也必须说服母亲让他变得更独立,让他更喜欢家庭成员和小伙伴。我们还要教导哥哥,指出他的方法不对。乔治做鬼脸的时候每个孩子都不要笑,别给他机会让他以为通过这种小把戏就可以变成重要人物了。

"家里其他的孩子都讨厌听乔治的婴儿式说话。哥哥和大姐在学校成绩都很好,两个人智商都很高,小姐姐智商则稍低。乔治是个漂亮的金发男孩,其他的孩子都是黑头发,长得也不好看。母亲说:'我们都控制不住爱他,他的头发完全是金色的,还长得那么可爱。'"

越来越多的证据证实了我们的判断——他就是个受娇惯的孩子。

"他父亲是意大利人,是个瓦工,母亲是美国人。父母的婚姻并不幸福。"

这在孩子的成长中是个复杂的因素。如果父母相处不愉快,男孩又过于依赖母亲,他就不太会爱父亲。这限制了他的人生,这也解释了他为什么想做一个不需要负责任的婴儿。

"某天,乔治上学的时候很沮丧,他说:'妈妈整晚都没回家，我爸爸惹得妈妈大哭，她就跑出去了，不回来了。'他整个早上都在担忧这件事情，他老是问我是不是该回家了。"

如果母亲整晚都没回家，那肯定是家里的争吵很厉害。在这种情况下是很难让孩子产生社会感情的。他显然跟母亲很亲近。

"当母亲回家后，她跟孩子说她去看电影了，然后生病了就没回家。"

"这家人之前在南方过着很舒适的生活，有房有车。自从他们离开南方后母亲很难过，她病了很长时间；父亲又好几个月没有工作，几个月之前甚至还向学校申请了助学金，但他现在工作了。"

这就是乔治案例中的另一个问题。乔治也许是记得更愉快的童年，而不是现在的家境，因为以前家里更有钱，烦恼也很少。

"母亲有一个住在其他州的十六岁的外甥，他跟乔治一样也有说话的问题。"

这让我想到，这位母亲会因此认为这是遗传的问题。这个男孩的母亲是乔治母亲的姐姐，她们家庭都有娇惯孩子的习惯。这跟遗传没什么关系，只是一系列类似的情况而已。我们在调查情况时不能忽略家庭的传统，但当我们彻底地进行调查之后常常发现，人们猜测的遗传因素只是无知的迷信而已。

"孩子出生时很正常,但喂养他很困难,三岁前他常常生病。"

也许这孩子的消化道有问题,又或许是他母亲在喂养孩子时缺乏技巧。他很可能是在生病的时候特别受宠,因为这是他家的传统。

"他之前动手术割了扁桃体,因为父母认为这可以改善说话的问题,但没有任何效果。"

他当然不会因为割除了扁桃体而改变。如果一个男孩想当个宝宝,不管有没有扁桃体,他都是个宝宝。

"医生们都让母亲放心,他的说话器官没有任何问题。校医发现了几颗蛀牙,除此之外,他身体很健康。他在学校很受其他孩子的欢迎,他们也喜欢看他做鬼脸。"

讨好小学生是很容易的,乔治把自己训练得很会逗乐。

"他常常跟同学打架,推搡同学或者跟坐在旁边的同学讲话。他刚去学校的时候还很干净,但很快就扯下了长筒袜,还松开了领带。"

所有这些都是他作为演员的把戏。

"他从来不挂外套,而是把它扔到衣柜里。他说冬天的外套太短了,所以他天冷的时候上学也不穿外套,还拒绝穿他那厚重的夹克,因为那衣服有个洞。"

邋里邋遢绝对是受娇惯孩子的标志,但乔治也是个爱虚荣的孩子,不愿意穿得寒碜。也许之前父母更有钱的时候他总是有好衣服穿,这在他的生命中是个很重要的因素。如果他一直以来总是穿着有洞的外套,那么他就不会感到任何的差异。

"他的算术很好,他也很用心地学认字。"

这些都是好的迹象,他正在学校克服困难,显然他已有个好老师,否则他很可能在算术方面遇到困难。

"他的字写得很难看,他的作业本很乱、很脏。"

我们认为他有可能是左撇子,如果这是真的,他就会感到学习特别困难。

"他是个训练得很好的左撇子。他在教室里从不用左手,但他能用左手写很漂亮的数字。"

我们的猜测是对的,他是个左撇子,他还是没能完全改善右手在写字方面的不足。这类儿童通常在阅读时表现得很笨拙,因为他们不会,但如果我们仔细观察就会发现他们从右到左就能读得很好,也就是镜像倒写。

"他对表扬反应迅速。"

这几乎不需要诠释。

"他并不笨手笨脚,只是假装不会做事。比如说,如果老师看着他,他就装着不会折叠作业纸,但只要老师不看他,他就完全能做好。"

我们一而再,再而三地观察到这孩子的生活目标:他想让每个对他好的人来做他应该做的事情,他就证明自己只做个宝宝就行了。

"他不自己穿衣服；他不喜欢别人帮他洗澡，母亲给他洗澡时，他闹得很厉害，还使劲大喊大叫。"

越来越多的迹象表明他一直都是受宠溺的。母亲给他洗澡时，他之所以尖叫不是因为不喜欢洗澡，而是因为他想跟母亲捣乱。

"她责骂他，给十一岁的姐姐一些奖励，让姐姐来给他洗。乔治自己吃饭，但总是一边吃一边玩，吃得很慢。"

没有哪个母亲能通过责骂受溺爱的儿子来让他认识到洗澡的必要性。吃饭很显然又成了他吸引更多关注的另一个机会。

"他在家很不听话；他在学校做的鬼脸在家里也经常做；他从不把玩具或者衣服放好。他跟九岁的姐姐睡一张床，大姐也在同一个房间睡。"

我们应该跟母亲说清楚，安排他们在同一个卧室不是最好的选择。

"父亲完全不会惩罚他，但母子关系的亲密度还是大于父子的。母亲说如果他更亲近父亲的话，她会感到'害怕'。"

这让我们的线索更清晰。显而易见，母亲和孩子更亲近，但母亲实际上阻碍了孩子跟父亲的亲密关系。就算母亲没有这么说，我们也能得出相同的结论。如果婚姻不幸，孩子更亲近母亲的话，母亲会本能地、无意识地把孩子拉到自己的阵营来对抗父亲。

"他在街上跟一些男孩玩,但其实他更喜欢跟女孩玩。"

这个喜好跟他的风格一致。因为母亲和大姐一直都溺爱他,所以他更喜欢女性。如果必须给他找个家教的话就需要考虑到这一点。让孩子执着于这种错误的情感当然是不对的,但我们一开始不能对他批评得太厉害。如果他真的需要家教,我还是觉得他应该找个女老师。

"他的理想是长大后做个牛仔,因为他在电影里看到的牛仔全都会打架。"

沮丧的儿童在他们的幻想中扮演英雄角色是很常见的。对于这孩子来说,做一个牛仔就跟神差不多。要改变这孩子应该不是太难。他的理想告诉我们,如果成长之路没有那么困难,他真的很想长大——也就是说,他想抓住合适的机会当个英雄。

"他梦见有个男人出现了,还把家里的门带走了。"

我们差不多都能猜到这孩子的梦。这种孩子会做这样的梦再正常不过了,这种梦里会牵涉成长的危险,做了这样的梦,他就会自欺欺人地为自己继续做婴儿的目标辩护。病历中提到的梦有点奇怪,但我认为还是可以解释的。当有人来了并把门带走了,那么屋子是开着的,他就不受保护了。这个门就是保护措施,乔治对他的防卫很上心。

从他的书写样本来看,好些地方都说明了他是左撇子。例如，他反着写"M's"，写字的时候都要写到边边角角。他写的字很糟糕。

我们现在最重要的任务就是劝他的母亲尽力协调乔治和父亲的关系，教育大的孩子不要批评他，不要理会他做的鬼脸。母亲必须让他更独立，当他自己洗澡、穿衣、帮家里做事时可以给他奖励。我认为老师完全了解这个孩子，不太需要我们的指导。只要他的作业不那么乱，她可以借此机会来表扬他，就算他的作业做得乱七八糟也不要教训他。当他想吸引注意力时，老师要夸大她的反应。她可以私下里不当着所有孩子的面跟乔治说，如果他真的想让老师帮忙做事，她都会做的。她可以这么说："你看看，你母亲比较溺爱你，你总是想让其他人帮你做事情、照顾你。这不是成为一个男人的合适途径。如果你只想当个宝宝，那就继续这么下去吧。"

会议

乔治和他母亲一起进来，他靠着母亲，不愿跟阿德勒博士握手。

阿德勒博士：你为什么不愿跟我握手呢？我是你的朋友。我觉得你是个大男孩了，你不用依靠母亲也可以自己走路的。你不是小宝宝了，对吧？

男孩跟着阿德勒博士从母亲身边走开。

阿德勒博士：你有很多朋友吗？他们都是好朋友

吗？你帮助过他们吗？

乔治一直用点头来回答这些问题，但就是不看着阿德勒博士。

阿德勒博士：你们看，他不确定我是不是他的朋友，他还不看我。（对着乔治）你觉得我要咬你吗？你最喜欢做什么事情？

乔治：画画。

阿德勒博士：你想成为一个画家吗？

乔治没有回答。

阿德勒博士：相对于画家来说，你更想成为一个什么样的人？

乔治：我想当个牛仔。

阿德勒博士：如果你是个牛仔，你会做些什么呢？

乔治：我要骑马。

阿德勒博士：就算不是牛仔你也可以骑马的。我认为你可以做任何你想做的事情。你跟我说，你想不想当个小宝宝？或者当个老师，还是医生？

乔治对这些问题都说了"不"。

阿德勒博士：我觉得如果你学习更认真，保持清洁，大家都会更喜欢你的，你的老师也会表扬你。你哥哥对你很凶吗？我要跟他说别再和你打架了。我还要跟他说，如果你再像婴儿一样说话就不要听你说。从现在开始，如果你再像个小宝宝一样扮鬼脸，是不会有人看你的，随便你整天整夜扮鬼脸都行。你长大了想做什么？你难道不想学会好好说话，好好背书吗？

乔治：想。

阿德勒博士：那么你就应该开始自己洗澡、穿衣，认真吃饭，不要再像个小宝宝。如果你整天都像个小宝宝，你怎么能做牛仔呢？这样不是好好学习的办法。

乔治跑走了。

阿德勒博士：他一下子溜走了是因为他不习惯有这么多人在现场，但我相信我们已经给他植入了新的概念。

阿德勒博士（对着母亲）：乔治已经为自己构造了一个小宝宝的角色，也许是因为他还记得小时候的优越环境，他想重拾往昔，所以他给你添乱，强迫你给他洗澡、穿衣，把他当成小宝宝。他也不想淘气，他是个好学生，也是个好男孩，我相信他短期内就会战胜所有困难。如果你想帮忙就不要看他做鬼脸，也不要为此而责备他，其他孩子在他做鬼脸的时候也不要理他。如果他又开始婴儿式地说话，你就当没听见，当他像个大孩子一样说话时就表扬他。他太过于依赖你了，对其他人又过于害羞。如果他父亲和哥哥都努力跟他做朋友，这就再好不过了。我知道学校的老师在正确地鼓励他，如果你也鼓励他的话，事情就会顺利发展。即使花很长时间也要让他自己洗澡、穿衣。当你看他努力往好的方面发展时，你就表扬他："真高兴看到你长大了，不再是个小宝宝了。"他都是因为害怕长大才会养成这么多坏习惯,我们必须鼓励他去理解这么做并不危险。不要跟他说教,如果他还是像婴儿一样说话,不要理他,直到他好好说话为止。

母亲同意照做。

阿德勒博士(对着学生):你们看,有时候我不会提出很多指导意见,因为没人能跟母亲说清楚治疗这类儿童的所有手段。但如果她能理解整个情况的话,她就知道该怎么做。提供一套适用于所有紧急情况的规则是不可能的。当然,这个家庭似乎不是很幸福,但家里的偶尔几个小改变也能改善整个氛围。

学生:您是怎么做到爱孩子却又不宠溺他的?

阿德勒博士:你可以按照自己的意愿去爱孩子,但是你要让他独立。你的责任是把孩子锻炼成独立的人,要在早期就开始教育他。如果孩子认为父母就是供他召之即来挥之即去的,他就误解了爱。

第六章
叛逆的"坏"男孩

今晚我们讨论的病例是一个十二岁零五个月大的男孩尼古拉斯，他目前的问题是犯错且屡教不改。有人控诉他打架、缓刑期间偷东西，还建议他父母送他去社会福利机构。

这种情况意味着父母可能还没有找到合适的方法来教育孩子如何好好生活。就算接受过个体心理学培训的人也不一定有办法改变儿童的生活风格，但我们永远不要放弃寻找好的方法，就算我们做不到，别人也许可以做到。在一些棘手的病例中，有时候我们应该跟问题儿童说："我理解你为什么会这么做，但我不确定是否能让你也像我一样清楚地了解你自己。"这种说法通常会给病人留下一个好印象。这种类型的儿童和成人都有自卑和优越情结，如果病人发现老师或者医生也能诚恳地承认他们并非能治愈所有的病人，或者他们能面对失败而不痛苦的话，就会给病人带来极大的解脱，特别是对那些认为没有老师能治好自己的儿童，尤其如此。如果你的态度是"也许我做不到，但是别人能行"，你就会减轻他对你的敌意。

有人控诉这类好斗的儿童打架和盗窃。他感受到他人的背叛，但还有勇气为自己的权利抗争，也许是向不良的环境做斗争。该案例显示他目前是在缓刑期。缓刑期本身就不是什么好事，可惜的是，我们没能在缓刑期之前四年或五年遇见这个孩子。身处缓刑期的他现在已经被打上了犯罪的烙印。有人劝他父母把他送走，这说明父母已经用尽了身边的所有资源来治疗他，对他的未来感到绝望，还将他归为屡教不改的那一类。在这种情况下，我不应该反对把他送走的建议，但是我们要把他送到哪里去？谁又能理解他，把他教育成有用的人？问题的关键是要让孩子建立信心，要让他喜欢上帮助他的老师或者医生。我不知道把他送到哪里才能达到以上目的，但我知道如果他的学校有心理卫生诊所，会有助于解决他的问题。我们可在心理卫生诊所为他找些朋友或者导师，他们会让尼古拉斯体会到在家里没有的人与人之间的友谊。通常别人会把这样的男孩送去少年管教所，但据我观察，几乎所有的年轻罪犯都去过少年管教所，我相当怀疑少年管教所是否真的感化过什么人。

我们来看一下病历：

"他之前的问题有：上学问题、盗窃和打架。他在问题儿童教养院待了三个月。"

无疑，尼古拉斯同意去教养院只是夸大了他的抗议。

"这家人是德国人。父亲是个很严厉、固执的人，偏爱家里的大女儿，死于肺结核。母亲比第二任丈夫大很多。继父对尼古拉斯很友善。他有一个姐姐在六岁时死了，她比尼古拉斯大两岁，另外一个还在世的姐姐比他大十三个月，他现在还有一个四岁的同母异父的妹妹。大姐死的时候，尼古拉斯四岁零四个月大，父亲死的时候，他四岁零六个月大。"

父亲显然不是那种会培养尼古拉斯社会感情的人。我们要考察家人死亡对他的影响。同母异父的妹妹比他小八岁，也许不是他的竞争对手。他的生活风格在她出生之前就已经形成了。我们不妨大胆猜测一下，在他成长的环境里是他姐姐在为难他，我们还能猜到她发育得很好，是个好女孩，是母亲的最爱。如果能证实这一点，我们就能很容易推断出他这些年生活的轨迹。他一直感到自己受到歧视，很害怕无法跟姐姐竞争。也许因为找不到好办法来超越姐姐，所以他很沮丧。

"父亲和母亲彼此之间没有任何抱怨。尼古拉斯老是和大姐吵架。他的继父对他很好，还帮他建立自信。尼古拉斯很喜欢同母异父的妹妹。母亲说无法再忍受尼古拉斯，想把他送走，因为他很吵，还把家里弄得乱七八糟。"

这些都是相当重要的情况。我们对尼古拉斯和姐姐之间存在竞争这一点的猜测已经被证实了。继父似乎是个善良的人，但是他为帮助尼古拉斯而做的调解工作还是不够。就像我们之前猜测的那样，最小的女儿并不是他的竞争对手。母亲和我们的病人之间有矛盾，她说她跟儿子的关系不好，我们可以从她提到这个儿子时的语气来确定这一点。尼古拉斯想超越姐姐，但发现她太强大了。他想让母亲帮他，当母亲拒绝时，他就会用邋里邋遢和打架来打击她。他用盗窃来表达他的沮丧。尽管几乎所有十二岁的男孩都吵闹、脏乱，但他仍选择用吵闹、邋里邋遢来刺激母亲。

"继父开了一家肉店，母亲有些补贴收入，负责家里的事务，家庭的经济情况属于中等水平。他们的公寓有五间房，父母住一间卧室，其他两个女孩住一间，尼古拉斯在餐厅里睡沙发。尼古拉斯在卫理公会主日学校上学。

"他出生时是个正常、健康的宝宝，在五个半月时断奶，直到十岁之前他都长得特别矮小。十三个月大时，他开始学走路，到十六个月大开始说话。他现在有手淫的习惯。"

这些矮小的儿童通常非常激进。在尼古拉斯的案例中，他的身材矮小可能是刺激他跟姐姐竞争的重要因素。我认为有些发育不良的孩子想吸引别人的注意力，想被人关注和守护才会手淫。这跟我们之前的设想一致，病人想获得母亲更多的关注，也许他觉得母亲更关心姐姐。

"研究生医院的精神科医生给他做过测试，给他开了药，该治疗现在已经停止了。母亲说孩子的父亲在世时她和儿子之间一点问题也没有，她二婚之后把他带回家才开始有矛盾。"

我们几乎能肯定母亲在尼古拉斯四岁前把他照顾得很好。然后父亲去世了，这个男孩就被送走了，她二婚之后又把他接回来。也许他认为是继父抢了他的母亲，所以继父无法赢得他的信任。

男孩回来之后无法适应，因为他到了一个自己完全陌生的新环境，跟母亲相处困难的原因是他认为自己不被重视，这都是母亲的问题。

"父亲死后，这个孩子在婶婶家住了两个月。那个家里还有两个孩子，婶婶抱怨尼古拉斯和他姐姐都很皮，她要多收钱才肯抚养他们。"

在这种情况下，两个孩子就开始打架，因为他们的生活环境不尽如人意。

"尼古拉斯因此来到了一个有三个孩子的陌生人家。这个家不整洁，给尼古拉斯和他姐姐的食物也不够。尼古拉斯开始陷入困境，在外面上厕所时跟其他孩子打闹。之后母亲把他送去了第三个家庭，这家的孩子永远都不能在外面玩耍。母亲在探望孩子们时发现他在床上哭。她是真的想对孩子们好一点，每次来都会带些礼物。这家一个大点儿的女孩有时会带尼古拉斯的姐姐出去，但尼古拉斯只能留在家里。他在这个家庭住了一年半，直到母亲再婚。"

这孩子一而再，再而三地遭受屈辱，在六岁之前他深感痛苦。

"当尼古拉斯第一次回到家时，他号啕大哭，老是坐在母亲的膝上。"

再没有比这更好的证据来证实我们对这个孩子现状的猜想了。孩子想要母亲却找不到她；他现在跟她在一起了，母亲却想把他再次送走。尼古拉斯焦虑地想赢得母亲的爱，想跟她亲近。

"尼古拉斯说：'我想离家出走，去一个没人认识我的地方。'"

人们常常从那些要为自己的权利做斗争的孩子口中听到这种话。这跟邋里邋遢或者手淫是一样的，他不是真的想变得脏兮兮的、想离家出走或者手淫，他只是想在精神上复仇。他肯定是对自己的现实处境感到绝望，因为他没有可以信任的人。

"他还说：'我不想再去上学了，读书对我来说太难了。我想回到教养院去，我喜欢那里。'"

这些话跟那些开始犯罪的人说的一样。如果有人觉得做事很困难，他就不得不靠偷窃来养活自己，现在这孩子表现出大无畏的样子，仿佛他想当个罪犯，想坐牢一样。这些话表达的都是绝望的愤怒，我认为在开展任何治疗之前，我们要先赢得他的信任。

"他早上冲进房间，让姐姐伺候他。他尖叫着要吃饭，嘲弄他的姐姐，他通常对母亲很粗鲁，但有时候又依恋她。他跟父亲顶嘴，不听话，拒绝父亲向他提供帮助。"

这就是整个家庭的闹剧。他大喊大叫着要吃饭其实是想说："你们都不照顾我，所以我被骗了。"姐姐和父亲是他的敌人，他正在报复母亲。

"他偷了很多食物。"

这一点我们必须进行更仔细的研究，要弄清楚是他吃了这些食物还是给其他人了。糖尿病儿童常常有偷很多食物的欲望。这类儿童总是感到饥饿、口渴，家里人都嫌弃他们，到最后才有人发现原来他们患上了糖尿病。

"他跑出去，好几个小时都不回家。他说过到十三岁的时候就离家出走。"

这就意味着他不仅想离开家，还想让母亲为了他的出走而焦虑。

"他的吃相很难看。"

这跟我们之前提到的一点相一致。

第六章 叛逆的"坏"男孩

"三个月之前他在学校上的是特别班。他跟其他孩子打架，故意在他们玩游戏的时候捣乱。他还偷这些孩子的东西。"

我们不可能期待这样的孩子能在学校有好的表现，因为他真正想要的是别人的偏爱，由于没有老师或者其他孩子让他扮演他心目中的重要角色，于是他就想办法贬低和羞辱他们。他抢走他们的东西来充实自己，他靠骂同学来抬高自己的地位。

"他想回到那个'有很多厉害孩子的地方'。他在特别班里比其他孩子智商高。他对老师说脏话、不听话、不遵守纪律、抑郁、神经质、没耐心、叛逆、斗嘴、反抗。他不尊敬权威，老师和校长总是憎恶他。他上学第一天就偷了一辆儿童自行车，第二天偷了个皮球，自此开始偷窃，还跟两个比他大的男孩一起入室盗窃。他告诉法官他想去教养院，于是法院就把他送过去了。"

尼古拉斯很不幸地让自己陷入犯罪的泥潭，因为他一直都没办法达到学校的要求，他因受到的处罚而感到光荣。很多挨过打的孩子会说："不痛，我想让你打我。"为了维护他的理想，他表现出一定的能力，宁愿承受痛苦。他所需要的是个好朋友，阻止他继续在泥沼之中越陷越深。

"他用父亲的屠刀砍下两只猫的尾巴，放跑了一车的鸡，这样他就可以赶鸡。他还发动了停在路边的车，让它从山上滑下去。有一次他从一个女人的公寓里偷了二十美元。他从商店偷了很多东西。"

所有这些罪证都毫无疑问地表明他对人或动物没有丝毫社会感情,为了惹恼别人他什么都肯做。当然,从另一个方面来看,这个孩子这么做还是有道理的,因为他的目标是成为中心,折磨和惩罚他的母亲、老师和所有其他不喜欢他的人。

"他用阅读来打发时间,偶尔也去看电影。他没有朋友。"

这种类型的案例中,也许他没有朋友还算是幸运的,因为如果他很容易交朋友的话,他肯定会加入帮派,会在帮派里得到赏识和尊敬。

"他一个人闲逛,跳上卡车,跟车走出好远,之后再爬上另外的卡车回家。如果他在街上遇到其他男孩,他会把他们拦住,问他们是谁,他们要去哪里,通常还会说些损人的话,然后就打起来了。"

他的言行举止就像个蛮横的街头混混,虽然表现出了一些勇气,但显然这样的教育是无法培养出一个有用的人的。

"父母给他钱去参加童子军,他马上就把钱花完了。父亲给过他很多东西,比如单车、乐器等。他在特别班的时候成绩还不错,阅读、拼写和语言都不错,但是绘画、音乐和手工很糟糕。他目前读五年级,成绩很差,除非母亲或者姐姐帮助他，不然他不愿意做功课。他从不叫父亲帮忙。他测试过几次智商，水平在八十五到一百零三之间浮动。"

这一点再次说明他把继父当成家中的征服者，他只会在自己指定的情况下才做作业。智商有这么大的浮动，表明智力测试的意义是具有很大相对性的。

"这家人抱怨他每天都惹麻烦，看到他老是被警察拉着回来，家人已经十分厌倦了。邻居不断地抱怨他的行为，把所有坏事都归到他身上。他姐姐说他让自己蒙羞。尼古拉斯说家里太挤了，父亲给他安排了太多的任务。他恨自己的家、学校和这座城市。老师希望他回到特别班去。班上的其他孩子嘲弄他、跟他打架。校长试着要好好对他，想让他合作一些，老师想让他对体育感兴趣，但到目前为止他对所有这些尝试都不屑一顾。"

这个孩子很"完美"地完成了自己人生的目标，即给别人带来麻烦，但校长和老师的做法都很正确。如果班上有一个男孩能以朋友的身份赢得他的信任，也许他就不会打架了。

"他想读书，想一个人待着，说其他男孩妨碍了他。没人知道他一整天是怎么过的，只知道他晚上回家之后做什么。有一个老师带着他开车兜了一整天风，然后跟她的朋友吃晚饭，尼古拉斯表现得很温和，乐于帮助大家，甚至还在一场临时组织的晚餐中帮着布置桌子。"

由此可见,他很容易在某些场合缴械,但是我们必须找到一种持续起作用的方法,而不是临时的。

"他早期的记忆如下:他记得他问父亲要一分钱时父亲围着桌子追他,看到姐姐在街上和另一个女孩打架。"

如果这是他早期的记忆,那么也许他的生父对他并不好;对姐姐跟其他女孩打架的事证实了他的感受:她是个固执的女孩,应该对他们之间的争吵负责。

"他记得自己因为不愿意参加父亲的葬礼而躲在一个花店后面,也记得他看见过葬礼的仪式,记得在大姐的葬礼上,她躺在棺材里的穿着。"

这孩子显然对死亡印象深刻,但他拒绝去父亲的葬礼,很难判断是因为对父亲的死亡觉得难受,还是因为他想惩罚自己。如果这孩子想成为一名医生的话,我一点也不会感到惊讶——很多经历过死亡的孩子都想当医生。

"他夜里做梦、尖叫,被噩梦惊醒。有时候他说梦见自己去殡仪馆,坐在一张漂亮的、柔软的床上。殡葬人员说:'起来,这是给死人穿衣的地方。'然后他就跑到一间屋子里,看到很多死人躺在床上。"

他在夜里的尖叫就是想说服母亲:没有母亲在,他怕黑。死亡动机的出现表明他内心清晰的想法,他想用死亡来解决他的问题,毕竟这种完全失去了希望的男孩只有三种可能性:游荡、自杀和犯罪。

第六章 叛逆的"坏"男孩

"有时候他梦到壁炉上的小雕像睁开眼,看着他,越变越大,然后燃烧起来就消失了。有时夜里他看到有人从窗口朝屋里看,但是他只能看到他们的脑袋和眼睛。"

这些都是很有意思的梦,它们的出现说明尼古拉斯认为自己白天和黑夜都被敌人包围了。他教自己学会恐惧,这样他就能大喊大叫,能把母亲叫来,证明自己是胆小的,连母亲也不照顾自己。

"他想去参军,陆军或者海军都行,他可以接受所有愿意聘用他的岗位。他不想当律师,因为这样学习太辛苦。他说他永远也不会当屠夫或者医生。"

他说不想当医生,恰好表明他在某种程度上思考过当医生的事情,但最后他觉得当医生很无聊,因为他在学校一点进步都没有。他不想当屠夫,因为这是他继父的职业,他讨厌自己的继父,但也许是因为他克服了自己的残忍倾向。如果他选择犯罪的道路,我不觉得他会成为杀人犯,倒是比较有可能成为强盗。

"他想当个经常出差的推销员,这样就可以周游世界了。"

老师对该案例的诠释如下:

"我觉得母亲在很多方面都对尼古拉斯很好,但仍然认为尼古拉斯对她来说是个折磨,所以焦急地想摆脱他,因为她很害怕尼古拉斯会毁了她跟丈夫的幸福。她的生活充满恐惧,她担心这个孩子的问题会让丈夫对整个家庭的情况感到厌倦,让她觉得必须在孩子和丈夫之间做出选择。尼古拉斯已经答应我不会再在晚餐时尖叫,他也做到了。他还答应一周内每天下午放学后都去父亲的店里报到,帮忙包裹快递。第一天他照做了,但是之后没再出现。"

我们现在快看完病历了,我认为老师对母亲的心理诠释完全正确。我们似乎也对尼古拉斯有了更深入的了解,就像已经认识他很久一样。我们意识到他现在的处境危险,但我们还是可以改变他的,因为老师也曾经跟他交过朋友。我们必须为这孩子找个朋友,也许他就会停止在学校里的吵闹。我们还要向他解释一件事情:是他误解了姐姐更受父母偏爱这一事实,作为家中老二,他是相当有地位的,我们要跟他说明个中的具体原因,还要解释他不能原谅母亲是因为她再婚了。我们要劝说继父多帮帮孩子,跟他交朋友。学校的老师发挥着重要的作用。就像我之前跟你们说的那样,在学校的老师可以阻止犯罪的浪潮,学校应该成为社会进步的中心,学校在理论上是所有社会变革的源泉。我们必须只用一次会面就说服母亲,让她知道尼古拉斯认为自己不受待见,所以她不应该惩罚他或者用警察来威胁他,而是要让他感受到自己是家庭中的重要成员。那个也许没有很好适应社会的姐姐也要放下好斗的态度,放弃跟尼古拉斯一决高下的竞争。

第六章 叛逆的"坏"男孩

会议

母亲进来了。

阿德勒博士：我们想跟你谈谈你的儿子。我们研究了他的病历之后，认为这并不是一个无可挽回的孩子。我们发现他是个聪明的男孩，如果能发现他在接受早期教育时犯下的错误，我们就能叫他改正，那么他就会变成优秀的孩子。我知道你肯定已经尽力了，但是你看，尼古拉斯也在想尽力告诉你，他觉得自己受到了差别对待。姐姐是个优秀学生，而且取得了进步，我认为最好是让他相信你爱他的程度和你爱优秀的姐姐是没有差别的。我们发现你儿子认为姐姐有特权，他觉得无法跟姐姐竞争，所以很绝望。就是因为这样，他想给你和整个家庭添乱，惹恼你们。

老师非常了解这个案例，已经教会孩子如何交朋友，如何在学习上取得进步，我相信在家里也可以这么推进。你可以先从表现出对他的信任，问问他："你知道我们能买什么好书给妹妹吗？""你想不想有自己的房间？""你今天的午饭想吃什么？"这样一来孩子就会感到自己的重要性。你还要阻止姐姐再跟他吵架，要让姐姐明白，他已经失去了希望；你不能再偏爱姐姐，否则家里这种不愉快的状况不会改变。

母亲：他言谈举止很恶劣，没人喜欢他。

阿德勒博士：也许他回家后只想跟你待在一起，但他发现姐姐和你丈夫取代了他的位置。这就是问题的根源。你是个好母亲，可能一开始你跟他在一起的时候也知道怎么和他交朋友，但他再次回家后你不知道该怎么对待他。你努力想让他做个好孩子，但你责备他时太过严厉了。如果有个朋友犯了错误，我们应该只是微笑，温和地提醒他。我们不要惹恼他，也不要教训他。如果你觉得有用的话，我会跟你儿子解释他所犯下的部分错误，我会让他相信你喜欢他就像喜欢家中其他孩子一样。你的问题是要使家里变得更温馨，家里的每个成员都要跟他和睦相处。老师和我都会帮忙，但这是要花一定时间的，所以你必须有耐心。尼古拉斯现在处于困境，但我们不能让他知道自己的处境危险。你千万不要对他说："你怎么样都学不好。"你知道的，他已经失去了勇气，只想有个轻松的人生。你的任务就是鼓励他更勇敢地面对生活。

男孩进来了。

阿德勒博士：你好呀！你就当这些人是朋友，坐在朋友中间告诉我们你最喜欢做的事情是什么。

尼古拉斯：我想去西点军校，骑马、玩枪。

阿德勒博士：你就不能在牧场或者农场里做这些事情吗？

尼古拉斯：不行，农场里的马都很胖。

阿德勒博士：你是不是喜欢快马、赛马？你是不是想跟姐姐比赛，看看谁能跑在前面？

尼古拉斯：对。

阿德勒博士：我觉得你不够勇敢。姐姐在学校是个好学生，但在我看来你失去了当好学生的希望。你的老师相信，但凡你能对学习更上心，你就能做个好学生。我觉得你是个聪明的孩子，如果你去试试，也是可以成为班上表现好的学生之一的。这要花些时间，但你肯定能行。你不能马上去西点军校，因为你要经过努力学习之后才能去那里；想要去西点军校，最好的办法就是努力完成你现在的作业。如果你没有朋友，你到西点军校之后会很孤独的，所以你现在就可以在学校交些朋友。除了打架，你要对小伙伴好一些，跟他们交朋友。

也许你认为母亲不够爱你，你姐姐也不关心你。据我所知，你母亲是爱你的，我要跟你姐姐说一下，叫她不要老是和你打架。如果我是你，我就会跟我的父亲成为朋友。他是个好人，也没跟你对着干。你母亲非常喜欢他，等你长大后你就会发现有女孩爱你，跟你结婚。你母亲爱你父亲并不表示她就不爱你了，她也爱你妹妹和姐姐，你是家庭的一部分。如果你能多帮帮母亲，你母亲和姐姐肯定会更喜欢你的。我现在要求你下周只做两件别人不喜欢的事情，然后再回来找我。你觉得能做到吗？

尼古拉斯：可以。

第七章
绝食抗议

我们今晚讨论的病例是一个叫贝蒂的六岁女孩，她主要的问题是吃饭问题，她吃饭态度的好坏跟环境有关。如果周边环境不合她意，她就特别讨厌食物，这是受娇惯孩子的显著特征。另一方面，我们需要仔细排查器质性的疾病，比如肺结核、佝偻或者可导致缺乏食欲的感染性疾病。有时候我们发现两岁半心理失调的孩子也有类似的症状，检查之后发现这些孩子有明显的器质性病变，他们没有食欲是绝对有理由的。对于那些跟儿童打交道的人来说，具备一些医学常识是很必要的，业余心理学专家和社工应该在诊断时小心谨慎，以防做出危险的错误判断。不过，听说贝蒂会随着环境的变化而改变对食物的厌恶程度，所以我们应当考虑这是个心理问题而不是生理疾病。

病历的内容如下：

第七章 绝食抗议

"贝蒂跟母亲在一起的时候情况特别糟。她对食物几乎没有任何热情,而且总是在吃饭的时候磨磨蹭蹭。她吃饭的时候总是含着满嘴的食物,连吞下去都显得很痛苦。"

贝蒂希望加强对母亲的依赖,这简直是铁一般的证据。也许母亲一开始很溺爱她,但是后来意识到这样做很不妥,于是就放弃了,所以贝蒂怨恨自己突然失去了高高在上的地位。由于母亲过分强调了吃饭的重要性,于是贝蒂开始攻击母亲的致命弱点。儿童只在患有最罕见的脑部生理疾病时才会产生吞咽困难,凡是有吞咽困难的儿童和成年人通常都是想在吃饭时引起他人关注。他们看起来好像陷入了危险的境地,焦灼地努力吃饭,成功地让一起吃饭的人感到恐慌,但别人又很难教他们如何吞咽。

"最糟糕的一顿饭就是早餐,家人根本没办法强迫她吃东西。"

我的解释可能不一定正确,但是对我来说,这更像是孩子的晨颂,就好像贝蒂在提醒母亲她今天要面对的问题。在众多的神经症中,特别是抑郁症,患者的症状在早上更为明显,就好像病人想要重申他们的病情一样。如果孩子早上不吃早餐,父母就会不得安生,因为他们认为孩子的健康会受到严重影响。我们由此清晰地看到贝蒂是如何通过不吃饭而掌握家庭权力的,她的目标似乎是控制她的家庭。要理解她为什么会选择这个目标,我们必须了解她在家庭中的地位。首先我猜她是独女，这是她能掌控家庭的至关重要的因素。

"她很长时间以来都使用呕吐和挑食的手段。如果强迫她吃饭，她就会吐。最近学校发生了一件事情，导致她又一次在学校突发呕吐。老师坚持让她吃她不肯吃的食物，贝蒂觉得这是不公平的，因为其他的菜她都点了双份，而且她这一段时间在家里和学校吃饭都相当规律。"

我坚信不能强迫孩子吃饭，因为他们比我们强大。从这份报告中我可以看出贝蒂的老师特别严厉。孩子的反抗遇到严厉对待，这比家里含糊的管教还要糟糕。人在神经性晕厥发作时，用冷水浇在他头上或者对他尖叫都是过去采用的手段，这个办法能抑制病情的发作。但如果这些有不恰当野心的人不能用这类发作来达到目的的话，他们就会寻找另一种更有效的办法。我记得在一个案例里，有个非常有野心、控制欲极强的女人从来都没法在堵车的时候跟丈夫同车。当她害怕或者被激怒时，她会抓他的手或者方向盘，想让他停车或妨碍他开车。每当她这样做时，丈夫就开得更快，直到她意识到自己没法控制得了他。你可以把这称为治疗，但这让我想起在战争时期普遍使用的治疗方法：每当士兵歇斯底里或者发抖，又或者无法说话时，医生通常会用电击来折磨他。这些士兵要么停止颤抖，要么开始尖叫。然而这并不是一种治疗方法。通过强大的外力可以促使那些建立于心理态度上的生理症状消失，但是个人的行为风格却不会因此而改变。他总是能找到其他的方式来扮演自己虚构的至高无上的角色。我们可以很容易改掉贝蒂挑食和呕吐的毛病，但是之后她又会出现其他的症状。

"第二个问题是她在过去两年表现得不合群，对包括母亲在内的所有人都充满敌意。她不愿意跟人打招呼。"

我们已经意识到她的攻击主要是针对母亲。不愿意跟人打招呼的这种常见症状很有趣，这跟打招呼这件事的起源有关。很多想控制自己成长环境的儿童很难跟他们的老师或者在街上遇到的人打招呼，因为他们认为这种招呼是屈服的意思。比如说在维也纳，这种屈服的感受不是隐含的，而是真正地表达出来的，常见的打招呼用语是"Servus"，意思是"我是你的仆从"。这种敬礼的方式可以追溯到罗马时代，当一个奴隶见到他的主人时必须脱帽致敬，还要说"我是您的奴隶"。当然，打招呼在美国更多的是表达友谊。

"贝蒂跟人说话时不自在或者不文明，还常常辱骂别人。她不会忘记自己幻想的委屈，她的想法从某个委屈又转到另一个委屈。她似乎对新事物很抗拒，她逃避新环境，避免见新人，不管是老人还是年轻人；当她想跟某个陌生的孩子一起玩耍时，她会让其他人跟这个孩子先接触。"

这就更证明了这个孩子没有好好培养社会兴趣。

"她似乎需要花很多时间来思考，经常静静地待很长时间，在沉默中思考，但她又会在这种思考中提出十分睿智的问题。"

其他心理学派，尤其是苏黎世的荣格学派认为这种沉思的态度表明孩子很内向。贝蒂是内向，但这不是天生的，我们可以理解它的成因。贝蒂很孤独，跟其他小伙伴没有来往，因此除了思考无事可做。如果贝蒂喜欢有人一起玩耍，有强烈的社会兴趣，荣格学派又会说她很外向，但这只能说她受的教育很好，在成长的环境里她体会到并培养了社会兴趣。我不认为内向和外向是不可改变的气质。

"她很喜欢室外活动和大自然。她经常要求到农村去居住，当风景特别优美时，她会很感动并兴高采烈地说：'难道这世界不美吗？'"

一个儿童既很合群又对大自然感兴趣是很幸运的，然而我认为这个对人类不感兴趣的孩子之所以爱大自然，不是因为她的勇气，而是出于她的懦弱。人们经常会在某些人身上发现这种对自然的爱，他们不合群，喜欢遗世独立地住在小岛上或者森林的小屋里。

"某一天她好像对空气清新、阳光明媚的早晨欢欣鼓舞，同时却又尖刻地说：'我喜欢生气。'"

第七章 绝食抗议

这再次表明她不会社交,因此生气是她为数不多的活动之一。生气还是惹恼母亲的最好方式,所以她喜欢生气。

"父母说吃饭的问题自从她生下来就有了,但其他坏毛病是近期才养成的。"

这只能说贝蒂换了进攻的工具,但整体情况还是没有改变。

"这个家里有母亲、父亲和一个孩子。因为经济压力以及与母亲的家族来往密切的亲戚长期受疾病困扰,家里弥漫着紧张情绪,但父母仍相亲相爱,可以说是真正的幸福婚姻。然而这对父母都处于精神紧绷的状态,时常会情绪爆发。"

独生子女通常想要成为大家关注的焦点,他们比大家庭的孩子更固执于此,我们已经讨论过,这样的孩子在发现父母相爱的事实后,会很大程度地感到自己受到了冷落。如果是婚姻不幸的,对孩子来说通常很难适应,但我们并不坚持认为幸福的婚姻是养育儿童的最重要因素。在我们能够了解子女与父母的关系之前,我们要观察和判断婚姻在这其中的相对性。

我们现在发现了贝蒂与母亲之间产生矛盾的更多线索。毫无疑问,母亲对亲戚疾病的关注使得她把注意力从自己女儿的身上转移了。父母的情绪爆发对儿童来说总是很难接受的,对那些有野心的、已经习惯以自我为中心的儿童来说尤其如此。这种爆发让贝蒂失去了显示优越地位的机会。由于缺乏社会兴趣,她无法跟外人接触,而家里的紧张气氛也浇灭了她成为焦点的希望。唯一能表达她优越地位的方法就是继续挑食。

"父亲是个作家,母亲是个商人,两人的收入刚好能维持开支。他们的公寓有四个宽敞明亮的房间,父母自己有一间房,孩子跟保姆共住一间房,但她自己睡一张床。孩子的奶奶从一开始就对贝蒂的饮食和体重过分焦虑,老是在孩子面前讨论这些问题。她的焦虑和恐惧也成功地影响了父母。"

新的因素出现了。奶奶通常溺爱孩子,这让母亲陷入困境,特别是奶奶而非外婆。我们大胆猜测一下,奶奶和母亲之间存在着分歧。奶奶增强了孩子心目中关于食物的重要性,让她认为吃饭在这世界上是最重要的事情。

"奶奶甚至在孩子在场的情况下,对母亲的态度开始慢慢变得挑剔,母亲认为正是奶奶对孩子的影响造成了女儿对自己的尖锐敌对的态度。"

对那些想控制整个家庭、想成为大家关注的焦点的孩子来说,自然是要跟非常和善、焦虑的奶奶站在一边,奶奶甚至认为对孩子担忧得不够。奶奶扮演了一个很重要的角色,但她可能还不是贝蒂整个问题的核心。

"孩子出生时十分健康,母乳喂养七个月就断奶

第七章 绝食抗议

了。之后由于喂了不纯的牛奶,她马上出现严重的肠道菌群紊乱,需要很长时间来治疗。她的发育很正常,十四个月时能走路,十五个月时可说话,而且马上就能说句子,还会用复数。"

肠道菌群紊乱给我们提供了这家人为何关注饮食的另外一条线索。由于他们说这孩子超常的聪明,因此其他信息很重要。

"她的习惯都很好。她很喜欢干净,但是喜欢吸吮拇指,让她改掉这个习惯十分艰难。"

吸吮拇指通常是吸引注意力的方法,她很清楚这是让人不停地看着她、守着她的有效方法,所以要改掉她这个习惯很难。但是各方对此习惯的看法也不尽相同。弗洛伊德派对吸吮拇指的解释是性情结和变态。更合理的说法是纽约儿童指导院的利维博士所支持的理论,利维博士发现如果孩子是母乳喂养的,而母亲的乳汁丰盈,很容易流溢,那么孩子的嘴和下巴就会缺乏适当的锻炼,于是就会用吸吮拇指作为补偿。我认为利维博士的解释也许是吸吮拇指的一个原因,我还认为如果孩子想被人看着、守着,也会养成这种习惯。

"绑上贝蒂的手之后,她就开始呕吐。"

也就是说她以另一种方式在证明自己更强大。弗洛伊德会说这是因为她必须抑制性欲才会呕吐。

"母亲记不起来她第一次呕吐是因为对抗自己受到

限制还是反抗食物，反正她总是对禁止她做的事情激烈反抗。"

想要控制环境的儿童憎恨对自己的限制，这一点并不难理解。此类儿童不会因为惩罚而改变。

"贝蒂还没到两岁时，我们威胁说要没收她的玩具，她回答说：'我才懒得理你们，我不需要它们。我可以看着窗外思考。'"

这个孩子那么容易就继续追求她幻想出来的卓越感，这是她在表明自己作为强者的骄傲。

"这个家庭的社会地位处于中上等，父母的朋友大都是专业人士。孩子对父亲更顺从，对他更亲近。当父亲爱抚母亲时，孩子就开始提出抗议，比如说'也亲亲我'，或者'我也要抱抱'。"

很显然，这个孩子认为父母对彼此的热切感情减少了对她的爱。

"母亲出去工作是有必要的。为了让她减少对母亲的依恋，父母在她两岁半时送她去训练有素的温柔的保姆那里几个星期，父母还希望送她离开家能改掉吃饭时的坏毛病。母亲由于家里人生病不得不离开家之后，她就被送到保姆那儿，那段时间孩子极为伤心，谁安慰她都不起作用。"

对于贝蒂来说，溺爱自己的母亲突然"遗弃"了自己，这对于她来说当然是无法理解的，对她来说这是悲惨的事情。

"贝蒂在刚刚离开家的几天里默默地伤心,但最后还是战胜了新环境,表面上变得适应了。"

"表面上"这个词用得很恰当,因为从贝蒂后来的发展来看,她从来就没有原谅过母亲。

"母亲觉得贝蒂从来没忘记被迫离开家的事情,也从来没有原谅他们。之后没多久,他们又把她送到一家实验私立学校。"

母亲似乎理解了贝蒂的情况,但是不知道怎么挽救。

"她激烈地反抗上学,号啕大哭,不肯吃饭,还呕吐。这种情况持续了三个月。"

贝蒂在反抗这件事上表现出了极大的能力。我觉得这证明她有潜力,因为如果她能把这种能力用在有用的地方,她会成为领导人。

"然后贝蒂突然宣布上学不会再哭了,之后这方面确实没问题了。她目前在幼儿园第三年了,还相当受欢迎。"

她突然改变的原因要么是她找到了上学时处理问题的更好办法,要么就是到了更有利的环境。她对其他孩子不感兴趣,却在学校受欢迎,这一点让人感到惊讶。很多受娇惯的儿童可以运用超强的技巧吸引人,可能贝蒂的案例也是如此。

"最近,大一些的男孩特别喜欢她,她很享受自己的魅力。她对男孩有非凡的魔力,老师们想努力找到她是如何赢得男孩子欢心的原因,但他们对她使用的办法一无所知。"

这一点证实了我们的想法,她有好办法能让别人宠着自己。她跟男孩子相处时用的方法也许也就是她讨好父亲的方法。

"她参加了学校一位老师组织的夏令营,夏令营为期三个月,去年和前年每次她都参加了。去年她不仅参加了夏令营,还跟一个孩子及其父母一起出游两周。她的行为举止是如此优雅,那对父母对她赞美有加。每年她都提前宣布不再离开家了,就算今年她也表明了自己的决心,但每年她还是愉快地出行。"

我们有更多证据表明,这个孩子知道怎么去赢得别人的宠爱。她之所以说不想离开家,其实只是给父母出难题而已。

"今年她一定要母亲一起去,因为学校里的其他朋友也是跟母亲去的。"

这正是她灵魂中燃烧的火:她想跟母亲在一起。她很聪明地责备母亲:"我的朋友们都跟他们的母亲去,我想跟你去。"

"她的娱乐活动很普通。她没有街头小混混的朋友,因为她的学校下午四点半才放学。她喜欢弹钢琴,她

第七章 绝食抗议

在这方面很有天赋,尽管没人教,她也会谱写一些动听的小曲。学校的老师说只要她肯试,什么都能做好。我们注意到她做事很敏感,除非她觉得她能超过其他人,否则她就会不安。只要她害怕自己不能展现出优势,她就会拒绝做事或玩耍。"

贝蒂在学校的行为可圈可点,因为任何对她的责备都是在严重地侮辱她的骄傲和野心。

"她没有兄弟姐妹,抱怨自己在家没人一起玩耍。她邀请朋友来家里玩耍,当他们走后又剩贝蒂自己一个人时,她又会出现问题;她总是强烈抗议母亲的工作,抗议母亲不在家陪她。"

她是否真的想要一个弟弟或者妹妹,这让人怀疑,也许她明知自己是不会有任何弟弟妹妹的。她的抱怨只是对母亲的控诉,她希望母亲在家,让她一个人占有。

"这个孩子试过用掉眼泪、祈祷、指责的方法把母亲留在家里。例如她说:'如果你待在家的话我就会和你交朋友。'她的日常生活在她这个年纪也很寻常。她睡眠很好,到目前来说她都不太做梦,除了有几次她尖叫着醒过来,说是狮子、老虎正爬上楼来。"

贝蒂最终在夜里找到了方法惹恼父母,让他们手忙脚乱。为了达到目的,狮子和老虎的出现相当有效果。

"母亲每天早上带她上学,父亲经常给她打电话。从婴幼儿时开始,这孩子似乎喜欢观察其他孩子或者大人的反应，除此之外就没有其他爱好。这种喜好是如此明显，以至于她有时候甚至会去激怒人家，就是为了观察和评论人家的反应。她能准确迅速地对被观察者的习性进行描述，她的思想很有逻辑性和分析性。"

这意味着什么呢？这是对父亲明显的模仿。父亲是个作家，必须不停地观察各色人等的反应。毫无疑问，很多人都知道有一种迷信，认为女人的思想没有逻辑性和分析性，但这就证明了这种迷信是错误的。就像这个案例一样，一旦需要完成目标，任何女孩都可以具有逻辑性和分析性。

"她发明了以下游戏：贝蒂是个法官，她的小伙伴们扮演警察，这个警察在法官贝蒂面前逮捕并控诉一个裸体女人，然后法官贝蒂宣布如下：'对付裸体女人的唯一办法就是让她上电椅。'"

这个游戏很关键，首先它表明了贝蒂理解两性之间的差异；第二，她已经产生了自卑感，她说到的是裸体女人而不是裸体男人。这是她男性化的抗议，表明她厌恶女人，想做个男人。我们无须对她模仿父亲感到讶异，因为她的野心跟她的女性角色是不一致的。

"她并不对裸体感到惊讶，因为她常常看到露营的小伙伴裸体，如果她父母在沐浴时她碰巧进来看到，父母也觉得没什么。"

贝蒂不能容忍的其实不是裸体，而是女人。

第七章 绝食抗议

"有很长一段时间,她要求大人给她讲关于坏动物和坏人的故事。她对好人的故事不感兴趣。"

有可能这些动物和人的故事对她来说是很有用的素材,夜里她就可以利用这些素材来给母亲出难题。那些没有社会兴趣的人通常认为人性本恶,大多数以自我为中心的哲学家都支持人性本恶的理论。对社会感兴趣的个人通常比较宽容和仁慈,试着去了解使人变坏的原因。此外,好人的故事读起来也不太有意思。好人一早起来就一直微笑着,对家人说着好听的话,带着笑容工作,回家时给自己的孩子买礼物,给妻子买花,永远那么善良、可爱、温和,这种故事没人喜欢听。但如果你要讲一个残忍、不顾及他人感受的坏人的故事,会有人对此很感兴趣。

"最近贝蒂用一种非常戏剧的方式恐吓她的同学:'如果你不照做,我今晚就让流感来抓你,我派它从窗子进去,然后你会死的。'最后她自己也信了这个故事,一定要把窗子关上。"

"你会死的"这句话表露了她对魔法的努力追求。她开始扮演神一般的角色,想成为生命和死亡的主人,如果有人不听她的,她就让他去死。这种孩子的生命悲剧就在此,缺乏社会兴趣且有极强的控制欲,最后都会报复到她自己身上。"凡动刀剑者,必死于刀剑之下。"这就是残酷的人生逻辑。

听说这个孩子今晚生病了,所以我们只能跟母亲谈话。我们不确定是否能说服她同意我们的观点，但向她解释这种情况是我们的任务，跟贝蒂解释清楚这一情况则是她的任务。母亲在很多方面做得很对，也理解她女儿行为的一惯性。她必须跟贝蒂解释，吃饭并不像奶奶认为的那么重要，但要注意不要让奶奶受到伤害。例如，可以跟孩子说奶奶是好意，但是奶奶对这些问题没有经验。孩子应该交更多朋友，鼓励她锻炼成一个有用的领导人。

会议

母亲走了进来。

阿德勒博士：我们已经很认真地讨论过你女儿的情况了，她是个非常聪明、很有前途的孩子。我觉得在很多方面你对她的一言一行都了解得很透彻。我认为贝蒂是觉得你因为家庭的事务而疏远了她，还没有原谅你。她并没有意识到她现在的生活目标就是要为你之前的疏离而惩罚你，但我觉得如果你跟她聊聊这件事，你能说服她跟你交朋友。

母亲：我已经尝试过好多次了，但她不感兴趣。她对那件事的态度很抽象，很情绪化，很愤慨，没办法用正常的思维来思考。她对我的工作感到愤怒，还说："你为什么不在我的学校上班？"我跟她说，首先学校没有适合我的职位，再说我在学校也挣不到足够的钱。

阿德勒博士：我建议你跟她说，你会试着在学校工作十四天,看看她是不是喜欢因为挣的钱不够花而挨饿。我觉得她不一定会同意,因为我知道在你们家,食物的重要性被严重夸大了。

母亲:这倒是真的。

母亲谈起了流感以及孩子观察他人的事情。

阿德勒博士:她对流感的恐惧是向你说明,她真的有能力用流感来拿捏她的小伙伴们。你可以用这种方法来跟她解释,跟她说,从婴儿时开始她就想成为被关注的焦点。

母亲:我真的想跟她讲道理,她在一定程度上取得了进步,但又遇到了瓶颈。

阿德勒博士:你可能是没有找到合适的措辞。跟她散散步,用朋友的语气跟她说,其实被迫离开自己的女儿你也感到很难过。让她感到你其实很想尽可能多地陪伴她,然后理性地问她,如果她也有家庭需要照顾的话,她是否也会出去工作。记得提醒她,她是独生女,再提到她想用吃东西的难题来控制整个家庭。你还可以跟她说,你也不完全确定这是否属实,你想跟她讨论一下。

母亲:最近家里有几个人因为肺结核和其他原因去世了。自从这些人去世后,她在吃饭上的表现十分糟糕,她对自己的所作所为非常清楚。她说:"如果我今晚不吃饭,我肯定也不会死。"

阿德勒博士:她只是想激怒你,让你只为她忙前忙后。她的真正意思是，"我不吃饭，你就不怕我会死吗？"她认为你会担心，然后强迫她吃饭。

母亲：相对其他的行为，不吃饭真的不算很烦恼的事。她一点儿都不喜欢自己的小伙伴们。

阿德勒博士：我觉得这个问题最好是在学校解决。她的老师要像个真正的朋友一样跟她谈话，示范给她看应该如何成为其他孩子的领导，不是通过统治和攻击他人，而是通过帮助他人。你要是愿意的话也可以跟她谈谈这一点，但不要批评她。我觉得你明白我的意思。她的生活目标就是要惹恼你，这在独生子女中是很常见的行为，特别是那些曾经十分受宠，之后又受到冷落的孩子。我们应该让她更合群，更喜欢其他人，你可以通过时不时给她一些友好的暗示，告诉她怎么才能这样做。她很喜欢沉思，她会理解的。她难道不是很确定自己永远都是独生女了吗？

母亲：她知道。

阿德勒博士：你看看她多聪明。她知道就算她祈祷家里有另外一个孩子，她的祈祷也不会实现。你有没有注意到她更喜欢男孩？

母亲：是的，她认为男孩有更多的自由。

阿德勒博士：她感到自卑，因此她打架、骂人。但不管怎样，我都相信她是个好孩子。如果她要骂人的话，你就跟她说骂人不是什么特别聪明的办法，真正优秀的人从来都不会这么做。你要多给她自由，信任她，家里的小事要跟她一起商量，像对待成年人一样对待她，让她感到由于自己负责任以及自己的善良而变成重要的人。你也必须跟她说，她总是想控制这个家，但是你和你丈夫都没这种想法。家庭就是一种伙伴关系，个人为了大家，大家为了个人。

母亲：我觉得这主意非常好。

第八章
追随领导者

我们今晚要讨论的案例主角是迈克尔，他十二岁零八个月，好几次盗窃被抓到了。迈克尔是某个草草成立的帮派的成员，这个帮派由一个十四岁的男孩当头目，他教这些比他更小的男孩怎么偷东西。

我们的第一印象就是迈克尔肯定对自己的生存条件十分不满。如果帮派头目影响他去偷窃，那就证明他在这群男孩中的地位比在学校或在家里更重要。病历陈述如下：

"他已经盗窃好一段时间了，直到帮派头目博迪被人送到一户人家去了。这已经是两年前的事了，现在博迪回来了，警察又好几次抓到这些孩子盗窃。"

有个重要的信息：这孩子不是独立作案。帮派利用他，又虐待他。也许当头儿的顺着迈克尔的自我中心主义，抑或迈克尔属于智力低下的儿童，这种儿童对自己认可的领袖盲目服从。只要研究过犯罪案例的人都知道，这种类型的人存在于每个帮派之中，他们是头目的爪牙，是真正实行偷窃的人。也许迈克尔并不是智力低下，但是他肯定极度依赖他人。他想成为头儿的喽啰，通过盲目服从头儿的指令让自己获得一种扭曲的优越感。

"迈克尔被送去了儿童法庭，目前处于缓刑期。"

我们不在此讨论缓刑期对儿童来说是好是坏。但是对于一个十二岁的孩子来说，经历法庭和缓刑期是很痛苦的，这也许会让他产生堕落感和屈辱感。

"父亲和母亲都生于乌克兰，母亲只会说一点儿英语，父亲的英语还不错，他们在纽约已经住了大约三年。父亲在一家工厂工作，从早上八点到下午五点，母亲从下午五点到晚上九点打扫办公室。父母双方都已入美国籍，孩子们都是在美国出生。"

不会说英语是母亲的一个弱项。这种小事情也很容易阻碍孩子的社会性发展。此外，孩子们在家的时候，父母却基本没有和他们在一起的时间。

"家里有三个孩子：十四岁零六个月的里昂、十二岁零八个月的迈克尔和六岁的玛丽。他们住在一套四室的老旧公寓里，没有电梯、没有淋浴、没有暖气，厕所在走廊。公寓有两个卧室，迈克尔和里昂一起睡。这家人信奉天主教。"

也许迈克尔的哥哥有领导气质，迈克尔为了跟他平等就开始顺从他，做他的同伴和搭档。通过顺从他人对自己的领导，他获得了领导者的关注和欣赏。哥哥比他大两岁，妹妹比他小六岁，因此哥哥也许比妹妹更能影响他的生活风格。他家里很穷，情况也许很糟糕。

"迈克尔的出生和发育都很平常。他一岁时开始走路，之后很快就会说话了。他似乎对包括自己家人在内的所有人都很关爱、很友好。他在学校很受欢迎，跟其他孩子相处得很好。"

病历证实了我们对这孩子心理方面的猜想。他很友善、很顺从，因此他不可能在任何不正规的组织中当领导。

"迈克尔说他之前也有不喜欢的老师，但是他很喜欢现在的老师。"

他显然是想大家善待他，他的行为带有跟权威立约的性质。"对我好点儿，我也会对你好的。"正因他是如此谦虚卑微，才会涉足犯罪。引导他做善事容易，但这并不够，我们还必须教会他独立和自信。警告和说教都还不够，他必须体会到自己的责任感。

"他大部分时间都在街上玩耍，捉迷藏、打球、玩骰子，其他孩子都喜欢他，大男孩不费吹灰之力就能使唤他。"

病历一而再，再而三地证实了我们的设想。迈克尔为了让人赏识自己，什么事都肯干。

"迈克尔说他有个女朋友，他有时带她去看电影，有时去她家玩。他和哥哥轮流给人擦鞋，他们有一套擦鞋匠的工具，下课之后或者周六就去擦鞋。"

病历中提到"他和哥哥"，这就再次证实哥哥就是他的领导。跟女孩约会是模仿大男孩的典型方式。

"迈克尔的母亲说：'迈克尔是个好孩子。他在家时总是快乐的，很喜欢跟妹妹一起玩，有时戏弄她一下。我不知道他跟博迪在一起。博迪是个坏孩子，迈克尔在遇到博迪前从未惹过麻烦。他有两次没上学，一次是因为去了科尼岛，还有一次是因为我叫他跟我去了医院，我的英语不好。迈克尔现在跟坏孩子一起玩，我认为我们要搬家才能让迈克尔跟品行好些的男孩在一起。"

"母亲说她五点钟去上班时就让父亲照顾迈克尔，不让他跑出去。她想让他每天下午都去社区福利之家，这样他就不会到街上玩了。迈克尔常常会赚到一两美元，然后拿回家给母亲，她就会给他五美分或十美分。"

给家里挣钱对一个男孩来说是件好事，但是在这个案例中却是孩子自卑心理的进一步体现。母亲说要搬家到不同的环境是对的，让这孩子搬家是件好事，总比他老是这样受到诱惑，身处危险环境里好。迈克尔的父亲可以指引他，但他又常常不在家，迈克尔受大男孩的影响很大，真正的治疗是让他更独立。

"父亲说：'迈克尔其实不坏。他可以从我的钱袋里拿钱，但他从来不偷家里的钱。里昂会以哥哥的姿态来对待迈克尔，他会为了弟弟打架，也会跟弟弟打架。哥哥急于告诉人家自己为了弟弟而打败其他男孩，但他觉得自己比弟弟优越多了。他在学校的情况比迈克尔好多了，成绩很好，不偷窃，也不玩骰子。"

病历继续证实我们早前的预测：哥哥和迈克尔一起打架，为了克服自己的自卑感而压抑弟弟，迈克尔却把哥哥当成英雄来崇拜。

"迈克尔说：'我父亲和母亲最喜欢里昂。'里昂也急于证实这一点，还说妹妹也最喜欢他。迈克尔很喜欢自己的母亲和妹妹，尽管我知道他能感受到家里人的不认可，但他也不怨恨。"

他不会怨恨的性格可能意味着迈克尔忍受着从属的地位，只因他要从中获取某些利益。了解这个孩子的心理状态是否真的欠佳很重要，为了获得这些信息，我们必须查阅学校的报告。

"迈克尔生于纽约的一个工业城镇，父母每天都在工厂工作。他们早上八点送孩子去托儿所，晚上五六点接回家，就这样过了三年。之后，他们把孩子送去天主教学校。迈克尔八岁时这家人搬到了密歇根州，但同年又回到了纽约。这次搬家使得迈克尔浪费了一年的时间没好好上学。尽管他已经八岁多了，但还在上一年级。目前他在

4A青少年工作室,学得最好的科目是算术,最差的是阅读和拼写。"

也许因为不得不跟比自己小的男孩同班,他对这一年的浪费感到屈辱。他有可能是左撇子,因为他的外号叫"阿左"。

"老师说:'我喜欢迈克尔,孩子们也喜欢他。他不跟人吵架。智力测试显示他的智商为七十;运动—机械测试表明他的动手能力很强,达到了同龄人的平均水平;情商测试显示他对盗窃和被送往儿童法院的事很忧虑。他似乎很害怕那些在帮派里比他大的男孩。'"

低智商使得很多人认为这个孩子智力低下,但要记住,他的生活风格是气馁和胆怯型的。我更倾向于让他搬家到更有利的环境。

"迈克尔去年参加了两个月的免费夏令营。他游泳最好,算术和英语都不错。他的态度是合作的,也乐于助人。辅导员说:'迈克尔是当季最耀眼的明星。他拥有我从未见过的最迷人的笑容,而且总是笑脸迎人。他是那种典型的无忧无虑的人,每天都是笑哈哈地学习和玩耍。'"

如果有人叫迈克尔毁了自己,看来他也真的会去做。辅导员的身边整天都是问题儿童,他当然愿意看到像迈克尔这样的孩子:体育好,又总是很快乐。他老是微笑,因为他把自己的行为责任都交到了别人手上。这孩子要是在好的环境里成长,永远都不会成为问题。

"1929年3月30日之前的几个月,迈克尔盗窃了好几次,最后还犯了大事,偷了几个皮包,里面财物总价值六十美元。警察把盗窃的孩子们送到正在上课的公开课教室。这些盗窃都是由博迪领导的帮派策划实施的,另外一个孩子是参谋,迈克尔是工具。"

这条线索已经相当清晰了:在这种活动中,迈克尔是不会主动发起或主动带头的。

"迈克尔坦白说,他从前厅进去,故意让看守大楼的电梯管理员追赶他。他说管理员威胁他,说是要赶上他,把他的脖子拧断。管理员在追赶他的时候,其他孩子爬上楼,并偷了钱包和手表,还把钱分了。"

被电梯管理员追赶并不是英雄行为。

"迈克尔说他在布鲁克林抢劫案中什么也没分到。他说他的工作就是'注意警察',只要看到有警察过来,他就喊'小鸡',其他孩子就会逃跑。刚巧他们跑得不够快,全都被警察抓住,送进了法院。"

他再次处于这种从属的地位,低人一等。

"这帮人周日还会在迈克尔家门口闲扯。迈克尔很怕博迪:'博迪打架的时候会咬人。'"

在本案中,他的顺从也许只是出于恐惧。

"他最早的记忆是:'我记得住在小瀑布镇时我们曾经去偷西瓜。'"

第八章 追随领导者

有趣的是他没说"我曾经去偷",迈克尔永远不会单打独斗。我怀疑他是否清楚偷窃是不对的。他或多或少地受到了这伙人关于"帮派灵魂"的精神催眠,因为跟他们在一起时他失去了个人存在感和责任感。

"记得我还小的时候,我看到地板上有个老鼠洞,我就把火柴塞到洞里,火柴掉到床上起火了,我哥哥跑下楼叫来父亲。"

这个回忆说明迈克尔承认:每当自己尝试任何独立活动时,他都会失败,灾难还随之而来,同样他也认为总是会有人来帮自己脱险。这就是永远也无法战胜自卑感的儿童,十分害怕自己冒险所需要承担的责任。他人生的一幕幕都是由别人支配的,由自己的哥哥、老师、博迪、其他帮派成员支配。

"我梦想有一天能住在宫殿、城堡里,那里有非常舒适的大房间。"

也许这就是迈克尔渴望自己在人生中占据更重要地位的证据。

"另一个梦:有一晚我睡觉的时候,有个人走进来打劫了母亲,开枪打死了我哥哥。我骑上马追他,对着他的心脏开了两枪,他从马上掉下来。

"我梦到母亲死了,我哭着想抓住那个杀死母亲的人,我赶上他,杀了他。他是个作恶多端的歹徒。"

他在这个梦里扮演了英雄,这个梦也说明了他害怕失去家人的恐惧。这个梦的情感流露是:"我很庆幸自己有父母,因为我很脆弱。"失去领导对于他来说将是最大的灾难。

"对于'你长大后想做什么'这个问题,迈克尔马上回答:'警察局局长。'"

想当个指挥官、强大的人,就是他的理想,所以他想当警察局局长。这是对他自己懦弱的补偿。

老师对本案的诠释如下:

"迈克尔确实是没有很好的机会,因为他母亲大多数时间都得去工作。哥哥里昂在学校和家里的表现都比他好。妹妹在他六岁的时候又取代了他的位置,尽管迈克尔非常爱她,但妹妹更爱里昂。迈克尔在学校受到的教育是使他气馁的另一个原因。当他有机会加入帮派时,帮派当然也欢迎有人加入,他就这么参加了。我们对此的建议是让他回到去年参加过的夏令营,这会让他在好的环境里度过两个月时间,有机会让他去做擅长的事情,比如游泳。我们已经提议由不同的辅导员来指导迈克尔和里昂,这样迈克尔就可以靠自己获得力量和勇气。我们要试着让家里人把迈克尔看作宝贝,而不是羞辱。"

用这个方式开始尝试非常不错,但这也只是开端。迈克尔必须了解为什么自己坚持要扮演这种卑微的角色,我们必须鼓励他相信其具有领导自己的能力。在跟迈克尔谈话时,最好不要提到那些盗窃的事情,只需要注意他对自己贬低的态度即可。我们还要判断他是否真的是左撇子，是否需要阅读和拼写方面的特殊训练。

会议

父亲进来了。

阿德勒博士：我们想跟你谈谈你的儿子迈克尔，我们觉得他是一个很有前途的孩子。他最大的问题就是太喜欢顺从别人的领导了，他的整个生活风格都建立在这个错误的基础之上，因此他有些胆小，想让别人为他的行为承担责任。你有没有注意到他不太勇敢，还怕黑，不喜欢一个人待着？

父亲：是的。我知道他不喜欢独自待着。

阿德勒博士：你可以做很多事来帮助他。他不应该受到惩罚，他并没有做错什么。不要打击他，而是鼓励他在没有哥哥和帮派的帮助下，自己也有能力做完所有事情。我认为他是个好男孩，我们需要告诉他是在什么地方出了错。不要责备他或是惩罚他，而是鼓励他变坚强些，他会更有责任感的。

男孩进来了。

阿德勒博士：你这孩子，竟然这么高，这么壮！我还以为你是个瘦小的孩子呢！现在看完全不是那么回事。为什么你认为其他男孩比你懂得更多，觉得自己必须听他们的，他们叫你做什么你就照做？如果有人叫你爬这面墙，你会照做吗？

迈克尔：会。

阿德勒博士：你是个聪明的孩子，不需要别人来领导你。你长得很高大，完全可以独立，鼓足勇气做自己的主人，不要再认为其他人总是做得比你好。你是不是认为你应该做其他男孩的跟班，听从他们的指挥？让你停止听他们的命令要花多长时间？你觉得四天够吗？

迈克尔：也许吧。

阿德勒博士：八天？

迈克尔：好的，我能在八天之内做到。

迈克尔走出去了。

阿德勒博士：我们没有规则和条条框框，但很明显我们在本案例中的任务是要改变迈克尔的生活风格，转向生活的积极面，变得更有勇气。他的目标实在是太难实现了，因此他满足于自己所能得到的东西。

学生：他那持续的微笑是不是想赢得别人的信赖，然后照顾他？

阿德勒博士：是的，这很有可能是个原因。

学生：您该怎么做才能让他觉得自己变得有勇气是值得的？

阿德勒博士：给人勇气并不像给人一口药。我们应该做的是告诉他，如果他不低估自己就会更快乐，只要他拒绝接受那伙人的指令，就能马上发现勇敢的好处。我要告诉他,总是有人领导他是不对的。如果我们能让他建立自尊,勇气就会自然而然地出现。只要他感到自卑,他就不会负起责任。教会他负责任和教会他有勇气是同一件事。

学生:您对待这个孩子是不是比对待其他孩子更严厉一些?

阿德勒博士:这我承认,但就算这样我也不是故意的,我只是想尽可能明智地跟他谈话。我们要学习和儿童谈话的艺术,很有可能我和其他人会犯错误。没有两个人能用同一种方法来对待同一个孩子。我个人喜欢戏剧的方式,这样可以帮助儿童在对话中明确自己的重要角色。我对这个孩子非常友好,如果他喜欢我并且愿意再回来,我也不会感到意外。可能之后他的老师会给我们一份关于他的进展报告。

第九章
过度温顺的孩子

今晚我们要讨论的病例来自八岁半的索尔，他现在的问题是在学校无法跟人好好相处，而且这个情况已经持续很久了。

对于一个八岁半，在学校不能跟人好好相处的孩子来说，一般有两种情况：要么他是智力低下，要么就是之前在家的情况对他更有利，从而使他难以适应学校的环境。

病历陈述如下：

"过去两三周他好像有了进步，因为学校负责人正在参加《个体心理学》课程，也许对他的问题有了更深入的看法。"

很明显，索尔的情况偏向于第二种可能。我很欣慰这些心理学课程能带来实际效果。

第九章 过度温顺的孩子

"索尔似乎对自己的在校情况满不在乎,还说他不知道该怎么做作业。通过在私下的会谈中给他施压后发现,虽然他的理解程度难以判断,因为他自己不肯付出努力去回忆,但他其实还是掌握了一些知识的。"

如果一个儿童已经放弃了希望,认为自己无法取得进步,那么记忆差和无知是表达其态度的最好方式。

"虽然他也懂一些计算方法,但他不肯做算术作业。他会不停地在纸上乱写乱画,或者全部空着,偶尔停一下。他的行为举止很恶劣,影响了课堂纪律。他离开座位,还走来走去,因为自己幻想的或者是真实的冒犯而打其他孩子。他大声讲话,特别喜欢用小动作、怪模怪样的走路方式和说笑话来逗乐,惹得其他孩子哈哈大笑。他似乎能带来一定的戏剧效果,如果他在恰当的场合这么做,真的能给大家带来乐趣,但学校可不是这种表演的地方,那些长期为他感到头疼的老师称他为'无可救药的孩子',这是对他在课堂上的表现最贴切的描述。"

为了吸引注意力,索尔还会扮小丑。他使用这种拙劣的技巧,是因为他认为自己无法通过有用的方法吸引同学的注意力。

"他动不动就哭……"

这让我觉得他一直都受到溺爱,直到他开始认为自己是个重要的人,如果他难过,其他人也要跟着不好过。

"……你一责骂他,他就像个小宝宝一样。他一会儿像个宝宝,一会儿又想逗乐。"

被娇惯的儿童通常都想做个小宝宝。他会用两种方法来博得关注——做个笑星,或者做个小宝宝。

"他和比自己年纪大的同学吵架、打架。他总是在课间休息、上学或者放学时惹麻烦。"

这种行为表明他的社交能力不行。

"有时候他故事讲得非常棒。因为他取得了进步,所以在学校升了一个年级,但是他跟新老师说他升级是因为他父亲和上一任老师的父亲是朋友(他们确实是朋友,但决定他是否升级的并不是上一任老师)。"

他告状说老师是骗子,这说明他一点儿都不愿意合作。

"有一天,因为不想做作业,他告诉老师自己家的房子被火烧掉了(其实是他姨妈家的房子着火了)。"

为了摆脱困境,他开始撒谎。

"显然,他是故意把故事加入自己的生活中的,他在讲故事的时候没人知道这些故事完全是根据事实改编的。索尔知道自己没说实话,也在压力下承认了此事。他以前的问题跟这个一样。他在幼儿园时没问题,这个幼儿园不需要成绩单,但很快他就满六岁要上学了,麻烦就开始了,而且每升一个年级麻烦就更多。"

你对这样的儿童要求越低,你的麻烦就越少。在幼儿园相对轻松的环境下，他一点儿麻烦都不制造，但给他更难的任务时，他就开始抗议，他还没学会怎么独立完成任务。回顾一下这个案例，根据目前所掌握的情况我们可以总结出：他是个被娇惯的孩子，越长大就越是回避成长中的问题。他越是接近这些问题就反抗得越厉害，总想逃避问题，逃避到人生无用的那一面。

他之前的生活很平静，直到上学前他都没有惹什么麻烦。如果我们已经掌握了所有必需的信息，病历也陈述得很翔实的话，我们就有理由猜测孩子的母亲从过去到现在都很溺爱他。

"父母都还在世。家里有两个孩子，八岁半的索尔和五岁的萨拉。"

这又是一个家里有大儿子和小女儿的问题。这两个孩子之间的竞争应该是相当激烈的，如果仔细调查我们应该会发现，他是在三岁或者四岁时出现问题的，那时他被迫面对与妹妹的竞争。也许他那时开始泄气，失去了信心，他的言行举止都在要求母亲继续对自己过度溺爱。可能他妹妹是个强壮健康的孩子，她的成长侵犯了他的领土。

"父母之间的关系很好；母亲管理家庭，但是她不吵不闹；父亲在一家货运公司工作，工资很低，每周的收入都不一样。母亲是个勤俭持家的好母亲，她自己清洗所有的衣物，但她跟邻居说她送衣服到洗衣店去洗，因为邻居都是到洗衣店洗衣服，所以她只能打肿脸充胖子。父亲每周都会把工资带回家，母亲出色地管理家庭，把家里整理得井井有条，让父亲感到十分骄傲。"

这些情况表明母亲是个骄傲的、有野心的人，她丈夫也得依赖她。

"母亲让孩子在每个方面都不落后于人，比如在整洁、听话、健康的习惯等方面，孩子该去哪里、跟谁一起玩耍都由她来决定。她是个优秀的妻子和母亲。父亲比较冲动，对妻子非常忠诚，对孩子很和善。他没法像妻子一样把索尔管得服服帖帖，因此母亲觉得索尔跟父亲更亲近。索尔很爱在家里帮忙做家务，喜欢给母亲跑腿，整理跟妹妹共用的房间。"

索尔不抗拒妹妹，因为他们经常在一起。我认为如果他跟父亲在一起的时间更多的话就会对妹妹更挑剔。

"每个孩子都有自己的床。母亲生病的时候，索尔显得非常担心，自己跑到药房去寻求帮助。"

这些信息再次表明孩子对母亲的依赖，也许他希望在母亲眼里他是个英雄。

"母亲惩罚他时，他会哭一下，但一会儿就好了。他一点也不怨恨母亲，但他会说：'好吧，你是老大，你是妈妈，你是对的。'母亲不会过分表扬他，不过两三周前母亲表扬过他在学校取得的进步。"

索尔对待惩罚的态度是一种弱者的卑微不满，我认

第九章　过度温顺的孩子

为他在学校取得进步会让他更勇敢。

"妹妹长得非常漂亮，尽管她不是很受娇惯，但家里人都宠着她。索尔非常喜欢她。"

这似乎和我们之前的解释有冲突，也有可能是索尔意识到自己已经败下阵来，既然无法战胜敌人，还不如跟获胜者交个朋友。被夺权的孩子对夺权的孩子示好也是常见的。

"他很害怕，怕吉卜赛人在街上劫持妹妹。"

这种态度反映了他受控制的心态。

"他母亲给他六分钱，他花了五分钱买牛奶，还有一分钱给妹妹。母亲说索尔跟父亲很像，都很大方，而妹妹认为这是理所当然的。街上的小混混想嘲弄他时，她阻止他们。他总是在街上受人嘲弄。"

索尔扮演着保护者的角色，这是哥哥跟妹妹友好相处的最好办法，因为这给他一个感到自己正在成长的机会；另一方面，妹妹也想保护自己的哥哥。

"他主要是跟有血缘关系的男孩一起玩耍。男孩们叫索尔'小胖子'，因为他很胖；他们又叫他'傻瓜'，因为他学习很吃力。连舅舅也叫他'笨蛋'，他母亲请求他们不要这么叫他。"

肥胖最常见的原因是吃得太多，但也有可能是腺体疾病造成了肥胖。母亲警告舅舅们别再羞辱他是对的。

"他常常打架，就算他是最不会打架的那一个，他也要打。"

即使抱着失败的念头,绝望的儿童还是要打架,这是很常见的。

"他对动物特别好,还喜欢花。"

这种类型的男孩更喜欢平静的生活。如果他不会遭到嘲弄或攻击的话,也许他会喜欢照顾动植物。

"他去看电影,然后满脑子都是电影里的故事。"

我不得不再次谈到电影,虽然电影不一定要为孩子的误入歧途负全部责任,但是我很确定,如果孩子在家里已经出现了错误,那么电影会强化这种错误,孩子会从电影里获取信息来强化错误的生活风格。我们不可能通过禁止他看电影的方式来改变他的风格,因为他总会找到其他方法来自学。欧洲有严格的电影审查制度决定哪些电影适合儿童观看,但这还远远不够,因为我们无法保证成人(通常是儿童的父母)通过电影自学习得错误的生活风格。一部分电影教会人狡猾和圆滑,它们吸引人的亮点是耍诡计,这就是儿童和成人想学习的地方,也就是获得权利的捷径。很多人认为狡猾和欺诈是有益的,从心理学上来说,我们无法认可这一点。对我们来说,要用上这些方法就表明了个人的懦弱,我们应该让人们了解这一点。欺诈、圆滑和狡猾都应被视为懦弱的手段。我们可以取笑它们,对它们的有效性感到惊讶,但在内心深处应知道一点:这些手段都是那些在实现普通目标时不相信自己能力

第九章 过度温顺的孩子

的人所使用的。

"孩子出生时很健康,但母亲在生产时要借助器械。母亲给他母乳喂养了九个月,然后开始喂牛奶。他一岁时开始说话,十五个月时开始走路;十八个月到两岁时有过四次痉挛,长牙后就再也没有痉挛过。"

索尔的副甲状腺有点儿问题,这一点是可以肯定的。痉挛跟长牙基本上没任何关系。

"他两岁的时候出过麻疹,四岁出过水痘;现在饮食正常且健康,但不贪食。"

如果儿童贪食,性格上就会比较倔强。这孩子显然不是反叛的类型,很容易屈服。

"他很爱干净,从来没尿过床。"

我们可能以为索尔会尿床,不爱吃饭,但他母亲显然很善解人意,把他管教得很好。我肯定,只要我们跟她交谈就会发现她是个非常聪明的女人。

"他喜欢整洁的外表,每天都要穿干净的衣服去上学。他喜欢母亲帮他洗澡、洗衣服,但他可以自己一个人睡觉。他还是婴儿时总是睡不着,总是需要人摇着,但他现在睡得很香。"

他模仿母亲,也爱整洁,因为这能引起她的注意。她对待儿子睡眠问题的技巧越来越多。

"他喜欢收集小画片和明信片。"

换句话说,他觉得必须通过收集物品来提高他日益降低的受宠度。索尔的情况如果得不到改善，他很可能会偷窃。

"他可能需要戴眼镜了，我们这周要带他去检查是否近视。"

要说服索尔戴眼镜可能有困难。

"他最早的记忆是在三岁时去奶奶家，尿床后被母亲惩罚的事。他母亲说他平时没有这种习惯。"

这应该是他感到自己的重要性受到威胁的早期记忆之一，他想通过尿床的方法来引起母亲的注意，却发现等来的是惩罚。

"另一个回忆是在他四岁时发生的事。当时他跟父亲在搬家货车里，在父亲没看着他的时候，他帮忙从车上搬了些小物品，他显然对此感到非常满意。"

这一点说明了他乐于助人的品质，他记得的这个小片段也许表示他想赢得父亲的赞赏。

"他记得妹妹出生时，他三岁半。他说那时母亲给了他糖果。"

妹妹的出生代表一个真正的问题，我有些怀疑对他来说糖果是否真的解决了妹妹到来的问题。

"他想起了很多梦。（梦一：）'我梦到跟一个牛仔在一起，我骑着马，然后马变成了一只母山羊。我有牛仔的枪，第一次我开枪了，子弹发射了，但第二次它就变成了玩具，发射不了了。'"

从这个梦里我们看到他强调伎俩的重要性。马变成了母山羊,这耍诡计的枪也开不了。这孩子想玩伎俩,改变自己。

"(梦二:)'我梦到自己骑着马,我是电影明星鲁道夫·瓦伦蒂诺(Rudolph Valentino)。每每有人死的时候,我都会梦到他。'"

很明显他是在模仿电影里的英雄。

"我梦到电影明星威廉·S.哈特(William S. Hart),梦见他绑架我,还跟我一起逃跑。"

这就是电影的危害之一。绑架在他的生命中扮演着过于重要的角色。关于死亡的梦,如果梦到死后的人,他就是在逃避死亡;但如果他是梦到死前的人,那么这表示他想当个先知。

"他的梦想是当电影明星。他对明星深感兴趣,他的英雄是汤姆·米克斯(Tom Mix)。"

鉴于他在学校一直扮演小丑、笑星和喜欢耍诡计的演员这些角色,他的这种野心并不出奇。他想战胜危险,想变得强大,也许他认为成为电影明星是达到目的的方法。

"以下对话表明了他的恐惧。

"索尔:我害怕鲁道夫·瓦伦蒂诺,我睡觉的时候看见了他。

"提问:你不知道他已经去世了吗?

"索尔：我知道。我知道他为什么会死。他这个人太友好了，还有所有的女人都喜欢他。"

要记得他是个八岁半的孩子，对爱和女人的恐惧这么早就能成为孩子风格的一部分，这令人称奇。要理解索尔的态度为何如此并不难。他的母亲非常强大，我已经说过了，有个强大的母亲的男孩通常都害怕女人。

"索尔：一天，有个女人在他的食物里下毒，每天都放一点，直到他被毒死。我父亲给我看了照片。他妻子醒过来之后，就再也找不到他了。

"提问：是他妻子下的毒吗？

"索尔：不，是另一个女人。"

这再次证明了电影对自我训练的影响。

"老师对该案例的讨论：'大概三周前，我觉得索尔是一个气馁怯懦的孩子，到处碰壁，因此他才想在教室里扮演一个逗乐的角色。我夸大其词地表扬了他，还极力鼓励他。他开始有反应了，双眼没有了呆板的神情，也有了些动力。他获得好成绩带回家，还向母亲保证他会做得更好。这好像是在说他是个有勇气的孩子，因为他跟我说有一次母亲在深夜把一个夹子掉到院子里，他一点儿都不害怕就下楼去捡了。'"

母亲看着他时，他想当个英雄。

"'他用打架来表明他的勇气。他不胆小，也不会假装胆小。他假装的是不知道怎么做作业。他的眼睛好像有毛病，如果有的话这周就可以治好。如果他能学会好好对待自己的绰号，那么其他男孩就不会再叫那些他不喜欢的绰号了。人家告诉他，男孩之间经常会叫绰号的，比如对那个黑人小孩，在班里他们叫他弗瑞娜（Farina，女性名字），他自己也喜欢这么叫。'

关于绰号这件事，如果一个男孩拥有其他优势的话，绰号就不会成为他的烦恼。

我觉得索尔的老师已经找到了最好的办法来教他，我确信她会成功的。如果索尔的母亲减少对他的控制，以及他相信自己完全有机会取得进步，相信妹妹将会取代他的这种恐惧是没有根据的，那么老师在这个案例上将取得的成果会更牢固。他应该意识到女孩的发育比男孩更快，之后他的发育会反超妹妹。我们应说服母亲更认真地对待他，让他变得更顺从是不明智的。让他们一起讨论母亲的计划，不要再因为母亲想要什么就要求他什么。母亲应该信任他，向他解释事情时要详细些，甚至寻求他的建议。比如可以说："如果你自己洗澡、穿衣，是不是更好？""你不觉得这样会对你妹妹更好吗？"

会议

母亲进来了，陈述案例的老师也一起进来，并把母亲介绍给了阿德勒博士。

阿德勒博士：你跟儿子相处时，在很多方面都显得很合理。你引导他避开了很多寻常儿童没法克服的困难。

母亲：我一直在让他做个好孩子。

阿德勒博士：他是个好孩子，但他在学校遇到了很多困难。也许他的问题根源就在于三岁半之前他是独生子，他觉得那时的生活比现在要轻松。他并不懦弱，他没有犯那些跟他一样处境的孩子所犯的错。尽管如此，在某些无意识的想法中，他其实感觉到自己的妹妹成功地赢了自己，可能他认为你偏爱妹妹。他有没有谈过这类事情？

母亲：没有，他从来没有嫉妒过。

阿德勒博士：尽管他想保护妹妹，我认为他还是害怕妹妹成长得比他快。你看，妹妹也想保护他。我个人认为如果不对索尔进行过于严格的管教，他会成长得更好。我希望你鼓励他，让他相信自己在家里是重要的成员，给他充足的机会去体验离家在外的生活，偶尔征询他的意见，培养他的判断能力。

母亲：我会努力这么做。

阿德勒博士：长得太胖是另外一件让他痛苦的事，也许他应该换一种饮食方式了。他对甜食特别着迷吗？

母亲：没有，他不怎么喜欢甜食。

阿德勒博士：他吃很多面包、黄油和糕点吗？

母亲特别强调了他没吃什么甜食。

阿德勒博士：如果这孩子确实很胖，吸收得太多的话，我建议你让他少吃点儿。孩子的老师非常了解他，我相信她能帮他。如果你感到不知如何教育儿子时,她很欢迎你去跟她讨论。

索尔带着微笑进来了,很自信,他看到我的学生时感觉有点儿困惑。他穿着一套长裤套装,是小男孩喜欢的类型,让他显得比实际年龄要大一些。

阿德勒博士(跟索尔握手):你好,索尔,你最近怎么样?你坐在这里跟我聊聊天好吗?我要跟你说些有趣的事情。

索尔:当然可以啊。

阿德勒博士:你多大了?

索尔:九岁,呃,快九岁了。

阿德勒博士:很好。从现在开始你可以在学校取得进步了。我相信你之前思考过,担心自己不能成为一个好学生。

索尔:是的。

阿德勒博士:但我知道你肯定能做个好学生,以前的那些问题很快都会消失的。你会对学业更上心,更容易理解老师说的话。之后你就会赶上来,并且在学校受人欢迎。

索尔(很感动):好的。

阿德勒博士:你喜欢体育吗?

索尔:喜欢。

阿德勒博士:你妹妹是个可爱的女孩吗?

索尔点头赞同。

阿德勒博士：当你们还小的时候，女孩通常都比男孩发育得快，但你不要以为她就会比你聪明很多。你可能认为她比你发育得好，但是你在很短时间内就可以赶上她。你比她大，永远都会保护她。

索尔：好的，先生。

阿德勒博士：他们跟我说你很讨厌那些男孩在街上叫你"小胖子"，我在像你这么大的时候，人家也叫我"小胖子"，但我一点也不操心这个，因为我在学校认真学习，我告诉那些男孩，就算他们叫我的外号，我也会拿到好成绩。你长大后想做什么？

索尔：我想当个演员。

阿德勒博士：那么你就必须学会阅读和写作，要能说会道，即便是电影明星如今也要会措辞。我觉得你应该更加努力学习，而不是扮小丑来打扰同学上课。等你长大了当演员再去逗乐，你现在的任务就是认真听老师上课，多交些朋友。你母亲对你很严格吗？

索尔：是的。

阿德勒博士：你慢慢会发现她不会像以前那么严格了，特别是如果你在学校取得好成绩的话。你希望这样吗？

索尔：当然。

阿德勒博士（索尔准备离开）：你真是个好孩子。

第九章 过度温顺的孩子

索尔（在门口转过身鞠了好几次躬）：谢谢。

学生：为什么母亲说索尔从未尿床，但索尔最早的记忆是在奶奶家因尿床而受惩罚？

阿德勒博士：母亲解释说这种行为不常见。她认为这孩子已经不尿床了。

学生：索尔选择的电影明星都长得很高很瘦，这表示什么呢？

阿德勒博士：我不认识这些明星，但你们说他们都很高很瘦，这倒是很有意思。你们看，孩子能迅速地找到自己的目标。他想长高、变瘦，因为他不喜欢肥胖。懦弱的孩子希望变得强大，贫穷的孩子希望变得富有，病恹恹的孩子希望当医生，因为他认为医生永远都是健康的。

第十章
神经症的伏笔

今晚陈述病例的学生告诉我们,这个病人的行为举止是个谜,但我们应尽量用最简单的办法来解决问题。

"雷切尔是个十二岁的女孩,她目前的问题是旷课。她不愿意上学,没法在教室里学习。"

这个病历的开场白相当正确地描述了一个有自卑情结的儿童,但我们还没有充分的理由确定这是自卑情结,我们要挖掘所有潜在的不良后果,找到可以让孩子弥补她不足之处的方法。如果雷切尔老是逃课,我们可以肯定她的周围有成年人强迫她去上学,孩子是在对这些大人说"不",她在家时有一种主观的自卑感。

"雷切尔一直都是问题儿童,她在课堂上的表现是这个问题的延续。"

"一直都是"是个浓墨重彩的词,我们很难相信她从一出生就是问题儿童。很有可能是后来发生了让她反叛的事情，这类事情也许是弟弟或者妹妹的出生。

"二月，雷切尔从小学升到了初中。在小学时，老师通过她的需要，研究她的所思所想，从而教育她。如今上初中了，雷切尔在教室里哭，说她不会做作业，因为太难了。班上的老师和其他老师想为她解决问题，但是雷切尔一定要回到升学前的小学。这个要求没有得到准许，毕竟她应该学会在新环境处理自己的问题。"

哭泣是没有用的，她光是不做作业就已经够糟糕了。她很有可能是为了在课上捣乱才哭的，由此让大家注意到她的无能。她的反应在某种程度上来说是自创的，这种创造力让我们相信她是一个具有足够智商，在十二岁上初中的女孩，她也能意识到她的行为会引起争议。如果有人能赢得她的信任，就能鼓励她在课堂上面对自己的问题。害怕自己无法完成课堂要求不是她反抗的真正理由。她一直都是个好学生，她的老师似乎也很和善。

"雷切尔说，如果可以在初中降一级，她就会去上学。"

每当听到"如果"这个词，我们都要联想到一系列不可能实现的条件。雷切尔真正不想上学以及对当下整个环境感到烦恼的原因，是她缺乏勇气面对新环境。她越夸大自己的无能，就越无法完成作业，反过来，老师和家长就越坚持要她做作业。她通过这种方法把自卑情结转向优越情结。

"她被安排到一个班级，这个班跟她刚从小学升上来的班很相似，但她没有兑现她的承诺。她的母亲去那个小学想让她再转学回来，这个要求当然被拒绝了。之后父亲打了雷切尔，但她还是拒绝上学。最后义务教育局举行了听证会，然后把雷切尔送去了一家医院的儿童诊所，诊所允许她在家里住一段时间。"

雷切尔的麻烦事越来越多，她的事情最后上报纸也不足为奇。雷切尔能令诊所里的所有人都掉进她的陷阱。让雷切尔待在家里是不行的，因为她还是那个孩子，还是坚持相同的生活风格。

"雷切尔去了读小学的学校，回答了一些跟这个病历有关的问题，她还带了一个女孩一同前去，这个女孩似乎是她的朋友，朋友的作用就在于引导雷切尔上学。雷切尔已经决定明年秋天开始上学了。雷切尔还说如果她可以跟她朋友上同一个班就去上学，但是学校拒绝了这个要求。她现在十分忧虑，因为她朋友六月就要升年级了，那雷切尔永远不可能跟她同班了。"

需要朋友陪伴、推迟上学的决定都是自卑情结的症状。这种类型的人会养成一种叫广场恐惧症的神经症，这种病人需要一直有人陪伴和支持。雷切尔为了实现自己的目标，很聪明地谈好条件，让老师、医生和父母都进退两难。她赢了。

"雷切尔有时显得胆小，但在拒绝上学的事情上绝不顺从。她好几次都表现得相当的粗鲁和无礼。"

这个有趣的现象证实了我的猜想,她属于控制型的,完全不害怕跟人争斗。她唯一害怕的事情是独自面对新环境。

"当她还是个小女孩时,你无法在她身上找到任何缺点。但一年半以前,学校有个老师批评了她的作业。"

你看,我们必须改变她一直是个问题儿童的想法。雷切尔很显然是在努力追求她的理想,一个虚幻的优越感目标。她想扮演上帝。为了演好这个角色,她必须是完美的、控制欲极强的,如果她无法扮演这个角色,那就干脆什么角色都不演了。

"这段时间里她还是第一次表现出这样的症状。尽管家里人反对,她还是声称自己无法做作业,偶尔会缺课,她说她害怕,还没做好上学的准备。她以整体健康状况为由获得了待在家里的权利。雷切尔最近透露,在她表现出对这个老师不满之前,其实已经对老师怀恨在心六个月之久了。"

这六个月十分重要,这是她酝酿神经症的时期。神经症不是一蹴而就的,在它爆发前必定孕育了很长时间。

"她是在1927年2月升年级的,她在新的班级没有像在之前的班级那样当班长。这个班由另一个老师上课,但她那时隐藏了自己的感受,因此这位老师从来没有察觉到她的憎恨,没发现她有任何毛病。六个月之后问题出现了，这次她坚持不去上学。1928年2月，她回学校了，进入了一个进度较慢的班。这个班的老师很有同情心，并且有跟这类问题儿童打交道的经验。雷切尔跟了这位老师一年，逐渐对自己的功课产生了兴趣，还克服了胆小的问题。老师鼓励她参加合唱团的排练，还让她表演了独唱，她好像很开心。之后雷切尔在班上过得很轻松，偶尔会表现出跟过去的胆小态度截然不同的状态。有一次老师找不到她绣的东西，她就变得有些无礼。"

你看看，雷切尔很容易就会在有利的环境里改变自己的整个行事风格。

"父母都健在。家里有十九岁的姐姐、十七岁的哥哥、十二岁的雷切尔、七岁的妹妹和一个五岁的弟弟。"

我们发现雷切尔比哥哥小五岁，因为和哥哥的年龄相差较大，所以她的地位基本跟长子或长女一样。她的妹妹比她小五岁，而弟弟小七岁。自从妹妹来到这个家之后，雷切尔经历过典型的中心地位被剥夺的情况。

"父亲管理家庭。大儿子曾经是父亲的最爱，母亲则谁也不偏爱，但随着孩子们逐渐长大，她跟所有孩子都出现了矛盾。"

也许在孩子们都还小的时候，母亲跟他们相处得很好，她可以提供一切他们想要的东西。但当他们长大后，他们都变成了负担。可能雷切尔一直都在生病，因此可以获得更多的爱。

第十章 神经症的伏笔

"孩子们不会彼此嘲弄,但雷切尔似乎是只丑小鸭。"

"丑小鸭"也许意味着她很容易生气,有控制欲,很有可能是她挑起和其他孩子之间的不合。

"哥哥有咬指甲的习惯,雷切尔看到他咬指甲就会变得很恼火,还会尖叫。哥哥知道雷切尔神经紧张,但还是照旧咬指甲,母亲在整个事情里感到绝望无助。姐姐对雷切尔非常好,像位母亲一样对待她,她为雷切尔做了条裙子,还带她去看电影,雷切尔似乎很感激姐姐对自己的好。雷切尔对妹妹很友好,还跟她一起玩耍。妹妹和家里所有人都很顺从她。"

现在有更多证据证实了我们对雷切尔风格的猜测:她控制着整个家庭,当她心情烦躁时就尖叫。

"父亲和姐姐都外出工作。家里有五个房间,雷切尔和姐姐共用一间。雷切尔的出生很不寻常,母乳喂养了三个月,断奶后就开始有胃病,她应该患有佝偻病。因为她患有心脏疾病,在三岁前,有好几个月需要每周去医院。十岁时她因为心脏病而卧床了一小段时间。她总是有胃病,但现在好些了,只有在搭乘电车时才会呕吐。"

她的病可能让家里人满足了她所有的要求,而她也学会了利用生病来延续这种快乐的状态,她对电车的反应说明了这一点。因为她无法控制电车,她感到很生气,然后通过自己器质系统上的缺陷,也就是她的消化系统问题，来表达这种愤怒。这可能是广场恐惧症的开端。

"她不在家吃饭，更喜欢在邻居家吃。"

雷切尔有问题的胃又开始说话了，这次是指向母亲的。

"也许是家里的饭菜不合她的胃口，调查员发现家里午餐有罐头三文鱼，对于娇弱的孩子来说这种食物可能毫无吸引力。妹妹也学着雷切尔，不愿意在家吃饭。"

也有可能是这家人太过于强调吃饭的重要性，这些孩子都选择了母亲的弱点来攻击她。

"雷切尔在十三个月的时候开始走路和说话，她的扁桃体是在一岁半的时候割除的，因为她的喉咙有脓肿。她很早就出麻疹了。母亲说她还是婴儿时就很怕人，看见陌生人就尖叫。据母亲说她很爱干净，上学都穿得很整齐，上课很准时，对书写很上心。"

恐惧在她的婴儿期是一个有利优势，等到上学时，她转而用干净整洁来维持自己的有利地位。

"她对家里人的期待漠不关心，表现为她不想上学。她和学校的孩子都相处得非常好，甚至在第二学期时还对其他问题儿童表示某种程度的同情。"

这种兴趣意味着："我不是问题儿童。"

"雷切尔跟另一个叫莫莉的学生一起玩耍，莫莉第二学期跟她同班。莫莉十二岁左右，但是没有雷切尔那么聪明，她比较安静，不是领导型的孩子。"

第十章 神经症的伏笔

很明显,雷切尔成功地控制了这位同学,不然她们的友谊是不会长久的。

"雷切尔不喜欢玩游戏,但喜欢看电影。她所能想到的最喜欢的书和故事都是童话故事。"

看电影不需要社会情感,还能让孩子很轻松地体验到做女主角的感受。游戏里的竞争需要自立和努力。

"她现在是不会去上学的,还拒绝吃饭或吃药。母亲为妹妹带回一双袜子,尽管这不是雷切尔的尺寸,她还是非常喜欢这双袜子。等父亲离开家后,她立刻穿上了。"

显然父亲是家里的掌权者,但只要他一离开家,雷切尔就成了统治者。

"其他孩子知道她的情况,都会对她让步。他们很体谅她,对她很好。雷切尔在上一个班级和小学都融入得很好,上小学时她受到一定程度的溺爱。老师说她不会做作业的时候就会感到害怕。有一次,她感到害怕了就开始哭,还用手捂着嘴,手都神经质地发抖。老师像母亲一般照顾她,让她坐在老师的座位上,还警告班上的同学不要打扰她。"

恐惧是她最强大的武器,她用恐惧的方式来控制自己的环境。

"第一学期她有很多问题,但第二学期她就和其他同学差不多了,感觉适应得很好。"

她是在得到自己想要的东西之后就不再惹任何麻

烦了。

"雷切尔最早的记忆来自三岁那年,她姐姐玛丽的朋友送给玛丽一双溜冰鞋,雷切尔想用一下,但是姐姐不让。"

不管是袜子也好,溜冰鞋也好,只要是别的孩子有而自己没有的,雷切尔就会生气。

"最近她梦到她在家里,穿过了地下室的一道门,地下室很黑,她被吓着了。她梦到自己很害怕离开家,因为她必须穿过地下室的门。母亲睡着了,睡着之前警告孩子们别吵醒她。家里有些朋友,孩子们没法让这些朋友安静下来,他们还是吵醒了母亲。母亲起床走过来,手里还拿着一把锤子。雷切尔带着两个她要保护的小一点的孩子穿过那扇可怕的门。然后楼上传来了一个声音:'回来,她不会伤害你们的。'雷切尔终于放心地醒过来了。"

这个梦完美地诠释了雷切尔不愿意离开家的想法,这也是广场恐惧症的另一个早期症状。这个梦意味着她只有在极其恐怖的情况下才会穿过那扇门,那扇门代表着危险,但声音是从门上传来的,告诉她别对母亲的恐吓太认真。这个梦表示:"就算不愉快也要待在家里,只要在家就不会发生什么可怕的事情。"

"做个打字员是她的梦想,她害怕黑人[1]。"

---

[1] 种族歧视在美国一直是严重的社会问题,许多心理疾病患者会以此为自己的疾病找借口。——译者注

对黑人感到害怕这一点在维也纳对她是不会有多大影响的，毕竟维也纳的黑人并不多，但在美国却成为引发焦虑的好借口，这个借口跟其他不愿意上街的理由一样高明。

"学生对本案例的讨论如下：雷切尔一直是个受娇惯的孩子，还利用自己生病的事实来将自己的意愿强加于人，她想通过展现她的虚弱来获得权利。她的梦说明她想保护比她小的孩子，这些孩子不会像父母一样妨碍她。她的理想表明她想通过文字（打字）来抒发自己的感情，她觉得自己在这方面做得不错。她在学校学习方面的问题大部分都是关于算术的。"

我认为提供本案例的学生对雷切尔的情况总结得非常到位。通过跟母亲的讨论，我们发现了以下事实：雷切尔转学的第一天，老师让她在黑板上写一句话，她不会写。然后雷切尔开始哭，老师说："真笨，回去坐下。"回到家之后她说："妈妈，我不想上学。老师很坏，我不想再去了。"自那时起，她就拒绝上学了。

会议

孩子跟母亲一起进来。

阿德勒博士：进来吧，请坐。你好啊！你喜欢这个地方吗？它是不是看着跟学校一样？

雷切尔：是的。

阿德勒博士：这里的人都喜欢你，他们都看着你，你开心吗？

雷切尔：开心。

阿德勒博士：我觉得你有点太喜欢按照自己的方法来获得你想要的东西了，也不管是在哪里。如果在某个地方你无法确保所有人都关注你，你就会找借口不去。你找借口说害怕黑人，这样你就可以不用上街。没人能永远吸引全世界的目光，但如果你变得友好一点，变得乐于助人，所有人都会喜欢你的。我知道老师说你笨，但这不是事实。我相信你是个非常聪明的女孩。老师们以前对我说我蠢，我就是笑笑而已。任何人都是会做作业的，我们都知道你会做你的作业。可是如果你因为害怕黑人而待在家里，那我就怀疑你并不是那么聪明了。如果我是你，我会跟父亲做朋友，我相信他很喜欢你。如果父母知道你对他们感兴趣，他们都会更喜欢你的，会比之前你要小伎俩显示自己的重要性更喜欢你。你想不想做个好学生？

雷切尔：想。

阿德勒博士：我觉得如果你努力的话，一周之内就可以做到。你以后可以给我写封信告诉我你的情况吗？

雷切尔和母亲一起出去了。

阿德勒博士：我不知道母亲或者孩子对我说的话能理解多少，但我确定你们都知道我想做什么。我想让一个跟雷切尔比较亲近的人跟她彻底地解释她耍的小伎俩，并鼓励她放弃这种做法。这孩子越是受到父亲或者老师的压迫，她就越想压制家里人和学校。只有让她意识到自己的目标是无益的，她才能进步。我认为如果老师合作的话，这孩子是可以治愈的。

（下面这封信是一周后雷切尔寄过来的：）

1929年5月22日

阿尔弗雷德·阿德勒博士收

亲爱的阿德勒医生：

这周真的是全新的一周。我整天都在户外。我觉得去拜访您是对的。X老师认为如果您能建议我去X老师的学校教一些小孩就太好了。他们叫我在小学写这封信。这是我第一次把信打印出来。

您真诚的

雷切尔

第十一章
先天智力低下

今晚我们要讨论的是一个棘手的病例，我们要判断案例中的孩子是否为智力低下。你们还记得我们已经学习过类似的案例吧（"母亲的控制"），因此这一章我就不再做详细的诊断，不再详细分析我们应该考虑的医学症状。男孩西德尼不上学，也不在家接受教育。他有个正在上学的姐姐。

他是家里唯一出现这种情况的成员。在这个案例中，智力测试对判断孩子的智力发育水平具有参考价值。我今晚提供的智力测试并不是唯一能帮助我们的方式，甚至也不是最有帮助的途径，但它已足够判断西德尼是否智力低下。进行智力测试之后，我会使用个体心理学的方法来测试他，判断他是否有明确的生活风格，了解他的行为、态度、感受和思想是否都指向明确的目标。我们能从这种类型的案例中学到很多。

病历陈述：

"西德尼是一个十岁的男孩，不会阅读和写字，一直以来，只要让他看书，不管看什么，他都会很不耐烦。他的记忆力很差，现在的问题是要判断他是否智力低下。"

仅仅不会阅读、不会写字并不能表明他是智力低下的儿童，也许他只是没有接受足够的学前教育。大多数智力低下的儿童确实不会读写，但如果西德尼视阅读为难以忍受的任务而逃避的话，那他有可能是个聪明的孩子。很多智力低下儿童的表现是可以待在学校，对自己的问题完全不理不睬。

"西德尼的肌肉发育与神经-肌肉协调能力都很差，他无法自己穿衣脱衣。"

我们必须再次判断他究竟是不够聪明，还是想要别人不断地支持他。如果这是一个被娇惯的孩子，那他的病情则十分严重。

"他患有佝偻病，牙齿发育得很糟糕。几年前有个医生建议他拔掉九颗牙。他到三岁半才会走路，五岁才会说话。"

佝偻病是骨头缺陷疾病，会随着孩子的其他身体缺陷变得更加复杂；拔掉牙齿可能是因为牙齿的位置不对。我们很难判断孩子五岁才会说话究竟是因为智力低下，还是因为他是个被溺爱的孩子。

"他总是在夜里尿床,现在还是。他小便太频繁,特别是在紧张的时候。"

被溺爱的孩子尿床是很常见的,特别是对于有弟弟或妹妹的孩子来说。他可能通过在白天频繁小便来吸引别人的注意力,就好像在说:"我还没有长大。你们要看着我。"

"家里的气氛很好,很和睦。家里人不吵架、训人或唠叨。西德尼很喜欢父亲。一直以来都是母亲照管生意,保姆照看孩子们,这个情况持续到两年以前。家里有四个房间,孩子们有两张小床。"

也许因为母亲是个生意人,没时间照顾西德尼,所以他和父亲更亲近。我们要通过父母了解保姆是否能取得他的信赖。

"他没有早期记忆。他有时候梦到两年前去世的祖父。我们无法解释梦到祖父表示什么意思。"

八岁时,祖父去世了,也许他对此感到震惊,他可能害怕死亡。如果恐惧是孩子需要的武器,他就会开始梦到恐怖的事情,还学会自己寻找让他感到害怕的场景。这意味着得有人一直在旁边保护他。我们开始在病历中拼凑出其生活风格的一部分。

"他也梦到跟其他的男孩朋友(他没有女孩朋友)打架、吵架。"

第十一章 先天智力低下

通常来说，懦弱的人才会梦到打架。儿童会为自己的懦弱而恼怒，因此他们在梦里和幻想中会把自己塑造成英雄，从而证明自己是多么有价值，让自己感到满意。这也算是一种教育，但肯定不是最好的。

"他的梦想是成为一名士兵，但他希望成为一名警察，因为他害怕万一上战场的话，会被人杀死。他也想当个水管工，这样他就能为女人工作。"

这就是他对死亡的恐惧，也说明了他有积极的生活风格。看胆小的儿童怎么训练自己去追求从事军事类的事业是件很有趣的事，但西德尼还是有些害怕当兵，因此当个警察他也很满意了。想当水管工的想法再次表明了他缺乏勇气，他认为为女人工作很容易，他的理想在一直改变，从士兵到警察，最后到水管工，他的勇气也一直在减少。对于他是个懦夫还是士兵是不需要质疑的，他只是个懦夫，这一点很清晰。

"他还想在军营里当个鼓手。他能分辨不同的音乐，能区分不同的曲调，根据作品指出有关的音乐家。他只有男孩朋友，通常都是比他小的。"

当一个十岁孩子只想跟男孩子交朋友时，通常是因为他想把自己表演的舞台弄得越小越好。从他的角度来看是对的，他对父亲比对母亲更友好，因此我们猜测他可能害怕女人，不信任她们。也许他受过她们的苦，我们必须调查母亲对他的态度，可能母亲比父亲对他更严厉。

"他害怕上学,因为孩子们叫他'白痴'。"

儿童的判断通常惊人的准,所以这确实很让人怀疑他是否真的是个"白痴"。不过,儿童也常常是残酷的,喜欢夸大其词。

"他对什么事情都提出很多问题。他打球、玩弹珠以及类似的活动。"

我不会像弗洛伊德派那样想当然地认为这些问题跟性有关。他对很多事情问长问短,并不是真的想知道相关信息。他更有可能是为了让人注意他,才问这么多愚蠢的问题。

"他会为了买自己需要的东西而去挣钱,比如糖果和冰激凌。"

这就让人感觉他是个很聪明的孩子。

"西德尼每天的日常:先吃早餐,然后去附近的车库,他在车库观看机械工准备发车,看他们把车开走。他还会跟机械工讨论汽车。之前他每次只睡四个或六个小时,直到最近才有所改善。过去几个月他都在接受推拿治疗,现在可以一觉睡够九个小时。"

如果我们观察正确的话,这孩子真的不喜欢睡觉,这也许是孩子被娇惯的证据。被溺爱的孩子不喜欢睡觉,因为他们讨厌跟成年人的环境失去联系。

"一年前他梦到死去的舅舅的照片挂在他床头,每当他早上醒来时都很紧张、很苦恼,因为他认为舅舅要来杀他。"

对死亡的概念和恐惧再次出现。我们多多少少能知道这孩子曾被深深地恐吓过。用人有时候会为了让孩子听话而吓他们,这是极度危险的做法。

"他会看时间,但是不会说日期。他喜欢看滑稽的电影。有人跟母亲说,孩子在成长中会慢慢克服这些困难,不需要任何的治疗。"

这个病历的信息不够充分,我们需要更多的事例。首先,我们需要更多他一岁时的信息,了解他为什么会变得胆小。我们要找到祖父的死对他影响如此深远的原因,以及他为什么害怕舅舅要杀他,了解母亲跟孩子的关系也非常重要。在这种案例中,我们都要求跟父母讨论一会儿,这一环节十分必要。

会议

父母进来了。

阿德勒博士:我们想多了解一下你儿子,特别是在家里的表现。

父亲:他非常喜欢上街,跟那些和他年纪相仿的男孩到处跑。他喜欢他们,但他不明白为什么他们要嘲弄他。

阿德勒博士:你们有没有注意到西德尼和其他孩子之间的区别?

父亲：是的。他不像其他孩子那么明事理。他很善良、脾气好，是个很可爱的孩子。他在家的时候还是非常听话的。他特别喜欢音乐，他能理解所有有节奏的东西。我妻子比我更喜欢音乐。除了收音机，我们家里没有任何乐器。

阿德勒博士：他还对其他东西感兴趣吗？

父亲：他似乎只对音乐感兴趣。他的理想非常独特。某一天他想当指挥，第二天又想当警察，任何需要穿制服的职业都对他具有吸引力。

阿德勒博士：他为什么想去工作？

父亲：这样他就可以穿上制服。

阿德勒博士：他对姐姐怎么样？

父亲：他们俩很亲近。

阿德勒博士：他夜里会不会不时哭闹？你们会不会起床去看他？

母亲：他只有在想去上厕所时才会哭闹。

阿德勒博士：他早上表现如何？

母亲：他自己起床，然后开始唱歌。他一直是个快乐的孩子，他唱的所有歌都是从收音机里学到的。

阿德勒博士：你觉得他在小的时候是个普通孩子吗？会不会有时候眼神呆滞？

母亲：大概三岁时，他好像不太能理解事情。

阿德勒博士：你在他三岁前没注意到吗？

第十一章 先天智力低下

母亲：一岁前他还是跟普通孩子一样的，然后我们就注意到他不学习走路，总是喜欢倾听。尽管他不会走，但他对家里发生的一切都很感兴趣。

阿德勒博士：他对陌生人的行为如何？

父亲：他对陌生人很友善。

阿德勒博士：你们让他去学校上学吗？

父亲：我从去年开始让他去学校上学，因为我们没法教他这些基础知识。

阿德勒博士：你知道有些学校专门教育有智力缺陷的儿童吗？那里的老师会使用特别的训练方法去教这些孩子。

父亲：我们曾经找过这类学校，但是没找到。

阿德勒博士：姐姐怎么样？

父亲：她的身体非常健康，今年准备高中毕业了。

阿德勒博士：西德尼是个胆小的孩子吗？

父亲：不是，西德尼好像什么都不怕。我们请了个女孩照料他，她比西德尼还胆小，她害怕其他的孩子来打西德尼。西德尼不怕黑，也不怕狗。

阿德勒博士：我要给西德尼做一次身体检查，检查整个身体。

父亲：我要提一下，西德尼三岁时，跟他一起玩耍的孩子用耙子打过他的头。我不知道这有没有造成伤害。

阿德勒博士：那时候他有过晕倒，或者失去意识，又或者呕吐吗？

父亲：都没有。

阿德勒博士：他有没有什么畸形的地方？

父亲：我觉得没有，但是他很瘦，耳朵有点突。

阿德勒博士：现在我要检查一下这孩子。

父母离开了房间。

阿德勒博士：我们待会儿见到孩子之后会了解到更多，比跟父母谈话知道得更多。

男孩走进来了。

西德尼：医生您好。

阿德勒博士：你好！你长大后想当什么？

西德尼：我想当兵。

阿德勒博士：为什么呢？我们不希望有更多战争！

西德尼：您是什么意思呢？

阿德勒博士：拥有和平会让人们更快乐。

谈话过程中，阿德勒博士正在给孩子检查头部。

阿德勒博士：你跟你的伙伴们都玩些什么游戏？

西德尼：什么都玩。

阿德勒博士：现在是几月？

西德尼：今天是周六。

阿德勒博士：哪个月？

西德尼：八月（其实当时是五月）。

阿德勒博士（给他看一些硬币）：哪个更值钱？这

个还是那个?

西德尼知道二十五美分的硬币比十美分的硬币值钱。

阿德勒博士:美国最大的城市是哪个?你知道吗?

西德尼:美国是最大的城市,英格兰第二。

阿德勒博士:你想去上学吗?去学习阅读和写字。

西德尼:想。

阿德勒博士:我会跟你父亲说送你去哪个学校。你住哪里?

西德尼:美国东170街。

阿德勒博士:你家门牌号是多少?

西德尼:我不记得了。

阿德勒博士:你能自己回家吗?

西德尼:不能。

阿德勒博士:这栋是什么楼?

西德尼:这是大学。

阿德勒博士:他们在这种大学里做什么?

西德尼:他们提问题、写作,什么都做。

西德尼走出去了。

阿德勒博士:在问这些问题时,我一直在给西德尼做身体检查,我发现了几处退化的迹象。最重要的是他的头不同寻常地小,我们称之为脑过小(micrencephalous),左边头盖骨不对称。孩子的智商低下是可以肯定的。如果西德尼真的有生活风格,他会害怕的,但是他走进来的样子和父亲对他行为的看法都说明他不胆小。智力低下的儿童和神经症儿童的区别在于智力低下的儿童不胆怯。西德尼不够聪明,他不知道自己身处危险之中。你们还记不记得另一个案例?有个胆小又被娇惯的孩子一到这里就开始尖叫哭闹着找母亲,强迫他看着我也没用,他基本上不开口说话。但西德尼的行为完全不同,他很无畏地走进来,主动开始谈话,他确实是个智力低下的儿童。教育局为智力低下的儿童提供了学校,应该由带来这个案例的老师向父亲提议送孩子去专门的学校上学。

第十二章

疾病的专制

今晚我们要讨论的病例是关于五岁半的男孩弥尔顿的，病历显示他目前的问题是不听话、残酷、多动以及"无法呼吸"。

不听话、残酷、多动的儿童很明显是利用这些个性来针对某一个人。弥尔顿的母亲有可能是个爱操心、有条理的女人，她要求孩子配合她；而另一方面，弥尔顿显然不顺从她，可能是因为他认为母亲不公正或者对他太严厉，所以他要复仇，选择做那些最能刺激他母亲的行为。一个家庭主妇若想保持家里整洁有序，她自然会痛恨这样多动的儿子——从椅子跳到桌子上，扯下窗帘，打碎碗碟。

呼吸困难与残酷、多动一样，都是抗议的方式。我们要学会人体各种器官的语言。当弥尔顿躁动不安时，就是在用自己的肌肉表示抗议；当他无法呼吸时，就是用肺来表示抗议。不过，弥尔顿有可能真的患有哮喘，可能是由某些蛋白质过敏导致的。如果哮喘被证实为真，我会十分惊讶，因为呼吸性的抗议可以说是弥尔顿生活风格中重要而且符合逻辑性的一环。

病历显示了更多的信息：

"弥尔顿是三个孩子中最小的，他有两个姐姐，一个十二岁半，一个九岁半。两个姐姐感觉对成长适应得很好，最小的孩子是问题的主要源头。父亲每周挣四十五美元，母亲不工作。房子每周租金为二十五美元，有四间房，共三张床，家里干净整齐。这是一个正统东正教的犹太家庭。"

也许因为母亲表扬了姐姐们的整齐有序，弥尔顿已经失去了跟她们竞争的希望。很有可能弥尔顿之前备受宠爱。如果他总是生病，他就可能会了解到，生病时就会更受宠，更开心。于是，他发展出一套人为的生病机制，目的就是确保自己能吸引母亲的关注。

"大姐自己睡，弥尔顿跟父亲或者母亲睡，跟母亲睡得更多。"

一个五岁半的男孩应该自己睡，如果他还是想跟母亲睡，那就证明了他对母亲过分依恋。他成功实现了晚上能跟母亲在一起的目标；而在白天，他用多动的方式来吸引母亲的关注。当这个年龄段的孩子还跟父母一起睡，他就很容易成为家庭的中心。我猜测，弥尔顿的目标就是要让母亲看护着他，只偏爱他。这个家庭的矛盾是：母亲希望儿子更合群、健康、有条有理，而儿子只想当个小宝宝。

"弥尔顿的生理发育情况如下：他是足月生产的婴儿，母亲顺产。家人不记得他出生时的具体体重。他没有接受规律的母乳喂养，其间通过牛奶喂养作为补充。他曾在七个月时发生痉挛，童年早期曾罹患支气管炎、肺炎、胸膜炎、扁桃腺炎和佝偻病。"

这些情况也许证实了弥尔顿的副甲状腺发育不完全，他的整体性格都不太稳定。随着年龄的增长，这些症状很有可能会慢慢消失。童年痉挛可能很吓人，弥尔顿在患有这些病之后肯定受到了无微不至的照顾。我们应该永远别让儿童知道疾病的真实危害。

刚开始分析弥尔顿的案例时我提到过，弥尔顿的"无法呼吸"是呼吸道的抗议语言。他有几种不同的呼吸道疾病的这个信息证实了我的猜测。胸膜炎或者支气管炎发作时呼吸都极度困难，生病的孩子给人的印象是痛苦难耐的，这对父母来说是十分受折磨的。

在生病时，弥尔顿的每次呼吸都是为了吸引他人注意和引起大家担忧。现在，当他发现自己处于不利的环境，无法跟表现更好的姐姐们竞争时，他只能用肺来说话，以此威胁母亲。他说的呼吸道语言是："好好照顾我，否则我又会生病，你会难过的。"

第十二章 疾病的专制

"他出生时舌头打结,割除了舌系带。早期痉挛时,医生告诉母亲这个孩子患有唐氏综合征,永远也不会有作为。"

我个人认为割除舌系带通常是没必要的。这家人肯定已经意识到孩子的说话缺陷了。母亲在听到儿子可能是先天性愚型之后肯定很震惊。尽管我们只了解部分故事,但感觉这个论断是不太可能成立的。患有唐氏综合征的孩子是听话的孩子,他们很温和,从来不打架,很少会成为问题儿童。有时候家教很好的家庭里会生出这样的孩子,我们可根据一系列的迹象进行判断。这种类型的孩子通常头都很小,鼻子圆而翘,舌头非常宽,一般来说长度达到可以舔到自己下巴的程度,有很多裂缝。另外,干燥的皮肤、偶尔交缠的手指或脚趾也是这种疾病的特征。

"弥尔顿非常依赖母亲,但他跟姐姐们有矛盾,还嘲弄她们。他对姐姐和其他孩子都很残酷,平时不太有人跟他进行娱乐活动,但他喜欢在街上玩耍。"

也许弥尔顿在婴儿期或者在生病时非常受宠,可是越长大母亲对他的关爱和关怀就越少。很多母亲在孩子一两岁时为了孩子完全牺牲了自己,但之后她们会迫使孩子自然地去完成独立的活动。六岁的孩子不可能还像婴儿一样被宠爱,孩子能够感受到家里人的情绪变化。只要这种情绪一变化,他就会凸显自己的叛逆。

姐姐们可能会跟弥尔顿作对,他就以嘲笑她们来反攻。病历中说这孩子很残酷。用心理学语言来说，他其实是气馁的。有异常残酷倾向的儿童会把他们的愤慨发泄到软弱的或者无危险意识的孩子或动物身上，这是因为他们感到自己愈发不重要，想要得到安慰。

"母亲过于担心孩子的哮喘。有个儿科医生无法找到弥尔顿的哮喘生理成因，因而转介他去儿童心理辅导诊所看看。"

儿童患哮喘的成因一般都不是器质性的疾病。很多像弥尔顿一样患过胸膜炎或肺炎的儿童也会有哮喘，他们通过哮喘发作来控制父母。看着这种疾病发作是件折磨人的事情，他们由此从疾病的虚弱中生出力量。每当弥尔顿想强烈地展示自己的优越感时，或者想攻击母亲来引起她的关注时，他就会利用这种生理现象。哮喘就是他的王牌。

"母亲抱怨弥尔顿总是上蹿下跳，同时她老是担心他会受伤，她对孩子的健康过于担心。他整个早上都跟母亲在一起，一直在惹麻烦。"

这已经总结性地证实了弥尔顿的行为就是针对母亲的。他知道母亲过分忧虑，他已经拿捏了母亲的弱点，用故作勇敢的伎俩来实现自己的目标。

"下午弥尔顿在幼儿园似乎表现得很不错，他抱怨没人跟他玩耍。父母偶尔因为他不听话而打他。他总是被'别这么做'和'别那么做'的限制所困扰，在受到阻挠

第十二章 疾病的专制

后总是呼吸困难。母亲生病了，于是她恳请孩子不要再犯喘不上气的毛病了。"

整个情况的关键就在此。这对父母（特别是母亲）对于孩子的健康状况过于焦虑，不让他到街上跟其他男孩一起玩耍，弥尔顿的社交愿望因此受挫。如果他不能跟同龄男孩一起玩，他就用捣乱来占据母亲的心智。当母亲阻止他捣乱时，他就用上气不接下气来攻击母亲。尽管不是故意为之，但他还是下意识地知道呼吸困难发作可以给他带来什么好处。我们要承认母亲其实很懂心理，她知道弥尔顿的攻击并不是生理上的发作。如果是生理上的哮喘，母亲就不会请求他不要生病，没人会请求一个跛子不要走路时一跛一瘸的。然而她采用的方法并不高明，因为她给孩子递上了危险的工具——把自己健康与否都建立在他的控制之上。

"弥尔顿有一辆舅舅给他的自行车。由于母亲身体太虚弱了，没法经常从四楼把自行车扛下楼，所以他不能经常骑车。"

病历前面已经说明得很清楚，弥尔顿患有佝偻病，有可能是由于运动过度衍生的。对这样一个孩子来说，骑车当然是相当重要的，也许他因为没法骑车而愤怒。

"弥尔顿睡觉时会把眼睛盖住，他不愿意一个人睡。"

这是懦弱的一种表现。盖住眼睛就可以跟这充满敌意的世界隔离，跟父母一起睡就可以在夜里保持和父母的亲密度，白天则依靠多动和呼吸问题来维持这种亲密度。

"弥尔顿孩提时代的第一个记忆是：'我还是个小宝宝的时候，我在走路。'"

对走路感兴趣就更加证实了佝偻病给他的生活带来的重大影响。这种类型的儿童总是很活跃，要给他足够的机会进行肢体活动。

"弥尔顿的远大目标是当个医生。他说：'我想去检查。'他想去'大的学校'。他还想学习写作。尽管他还不知道字母的含义，但他已经学会了抄写。"

像弥尔顿一样老是生病的孩子不可避免地会对医生这个职业给予很高的评价。孩子生病的时候，父母就得把医生叫来，在一番神秘的检查过后，他们都得绝对遵守医生的处方。我在此要提到一点，我自己的经历跟弥尔顿十分相似。我感觉自己是在幼年时患了肺病之后，第一次有了想当医生的想法。我想征服死亡，就像医生那样。

"弥尔顿不会自己洗澡或穿衣，但他能在街上认路，或者到街上跑腿。他还能认出自己家。"

他能认出自己家是一种对正常心智的测试。弥尔顿不自己洗澡、穿衣，这就可以让母亲为他忙前忙后。

这是个非常有益的好案例，当然，这里的有益是对于那些能理解个体心理学的人而言的。我们需要改变母亲，她得放手让弥尔顿变得更独立。母亲不应该过多地批评孩子,她要隐藏自己对孩子未来的担忧。我们注意到弥尔顿在离开家时总是表现得更好,我们得跟母亲解释,弥尔顿会在更社会化的环境里取得进步。我们不要责备母亲,只需要鼓励她从新的角度来考虑问题。

会议

母亲走进来了。

阿德勒博士:女士,晚上好。我们一直在研究你的儿子弥尔顿,我们发现在很多事情上,你都是一个非常谨慎、一丝不苟的母亲。也许你最主要的问题是太过小心。你不觉得像弥尔顿这么聪明的孩子现在应该自己洗澡、穿衣了吗?

母亲:我是觉得他可以自己洗澡、穿衣,但是他花的时间太长,上学都迟到了。他把我弄得很紧张。

阿德勒博士:让他迟到几次更好,你就让他自己承担慢吞吞的后果。你有没有注意到他在外面的表现比在家里好?

母亲:他在家更糟糕。他扯下窗帘,从桌子跳到椅子上,有时候还把桌子弄倒。

阿德勒博士:要解释这些现象一点也不难。你儿子在小时候患过佝偻病,这种病的一个后遗症就是需要大量的肌肉活动量。他属于那种为了快乐必须不停忙碌的孩子。也许你应该让他在外面有些自由。他有没有自行车或溜冰鞋？

母亲：他有一辆自行车，但我没办法在他每次想骑车的时候扛下楼。我多少有点害怕他会在骑车时被人撞倒。

阿德勒博士：你可能太过谨慎了。你儿子很聪明，如果你跟他解释清楚了危险性，我不觉得他真的一定会受伤。这是个很好的机会，向他表明你对他的能力有信心。我觉得如果你让他尝试一下，他会变得有责任心，以此作为对你的回报。

母亲：他在家满屋子上蹿下跳我该怎么办？

阿德勒博士：有个很好的办法是，你在早上安排儿子参加一些户外活动。他需要这种类型的活动，他越少待在家，对他的成长就越好。或者你可以叫邻居家的男孩帮他把自行车扛下楼。你要理解弥尔顿不是真的有哮喘，他只是为了引起你注意，想吓唬你才制造了这种上气不接下气的症状。他生病的时候你是不是非常娇惯他？

母亲：是的。因为他病得很厉害，我不得不好好照顾他。

阿德勒博士：他现在想让你想起过去的他是多么虚弱，这样你就会像以前那样再次关注他、照顾他。我相信，如果你对他的呼吸问题不理不睬，他就不会再犯病了。另外，我建议还是让弥尔顿自己睡觉，他这么大不应该跟你睡了。如果你现在能教会他独立的话，他完全可以成长为一个普通的男孩。你得让他知道,你没有偏爱两个姐姐,你希望他长大并成为一个有用的公民。

母亲:医生,他的心智有什么问题吗?

阿德勒博士:目前从你的医生发过来的病历看,没有任何迹象表明这孩子有唐氏综合征。他很聪明,但他的问题是想永远做个小宝宝。你要让他明白,做个长大的孩子比做一个小宝宝要好,如果你有什么难题的话,你的医生会帮你的。这对改善他的状况很值得一试。只要我们共同合作,我相信他很快就会取得进步。我们现在跟孩子谈谈。

孩子进了房间,他看到这么多学生吓了一跳。他看到自己的母亲之后马上跑到母亲身边。他不肯离开母亲,也不让阿德勒博士对他做身体检查。当阿德勒博士问他问题时,他抬头看着母亲说:"你说。"他不愿意看阿德勒博士,把脸埋进母亲的裙子里,怎么劝他都不跟阿德勒博士说话。然后母亲和孩子都出去了。

阿德勒博士:我经常跟我的学生说不要听信病人的话,而是要观察他们的行动,就好像我们在看一出哑剧一样。你们也看到了,弥尔顿连句"你好"和"再见"都不说。就算我很和善地跟他说话,他都不愿跟我沟通。这并不见得有多糟糕,第二次会面就会容易很多。很明显,他的医生知道如何赢得他的友谊,因为这个孩子经常回应他。如果你们之中有谁还在怀疑弥尔顿对母亲的依恋是否存在，相信刚才孩子的言行已经打消了你们的疑虑。就算我们把母亲挂在吊灯上面，弥尔顿也会找到办法赖着母亲。母亲是他唯一的支柱，他不仅要母亲帮他洗澡、穿衣，连回答问题都需要她来代劳。

至于他的"哮喘"问题，这还是对母亲的依恋，只不过是用呼吸道语言来表达的依恋。我把这种现象称为器官语言。个体不用语言而是用反常的单个器官的功能或者器官系统的功能来表达自己行为的情况，我们称之为器官语言。治疗哮喘有很多方式，但它们都治不好这个病人。如果能治好这个孩子，他的自尊感一定是大大增强了。

很多学生都质疑我经常说的一个观点：一个人在五岁时就已经形成了固定的生活风格。这个案例很好地说明了儿童是如何在五岁时形成固定风格的。弥尔顿把所有自己无法控制的人排除在自己的社交圈外。他很有可能在上学前都很受宠，因此行为举止没有什么问题，但也几乎能肯定他以后在社交和两性沟通方面会出现问题。

学生：为什么你想让这个男孩离开母亲时，他会哭？

阿德勒博士：你们想一下，让一棵攀爬植物离开长久以来所依附的架棚是多么恐怖的事情。弥尔顿的哭闹只是他希望掌控权力的另一种表达方式。你们不要以为他是真的爱母亲，他对母亲的兴趣就像寄生虫之于宿主。所不同的是，当宿主不再适合这个人类寄生虫时，这个寄生虫就会惩罚宿主。很多人觉得眼泪是软弱的象征，但这在本案例中，眼泪象征着权利。除了母亲，弥尔顿不看、不听也不跟任何人说话，他完全依附于母亲，这是神经症的开端。他的整个态度似乎都在说："你不能要求我什么，我是个病孩。"这个孩子也许是个潜在的自杀者或罪犯。如果遇到需要他独立、有能力才能解决的问题，而他又毫无准备时，他有可能会自杀；又或者他会因为对母亲之外的任何人都不感兴趣，而进行反社会的犯罪活动。我经常发现有罪犯在监狱里作诗，他们在诗中把自己的罪恶转嫁到自己的母亲身上，或者将自己的缺点归罪于酒精或者对爱的失望。他们不需要证实自己的懦弱。

学生：您如何接近那些不跟您说话或者不看着您的孩子？

阿德勒博士：我无法把所有个体心理学里提到的治疗方法都告诉你们。首先，一开始真的没必要直接跟孩子对话。如果对孩子足够了解的话，就可以指导母亲如何对待他，即便孩子没有合作的意愿，我们也可以教好他。此外，只要不关注他就能很容易激起他的好奇心。他想吸引所有人的注意，如果我对他不理不睬，而是全身心地投入到一本大彩页书或是一个机械玩具上，他很快就会对我感兴趣。

我们诊所继续对本案的孩子进行后期治疗。尽管很难让母亲明智地跟我们配合，但她最后还是同意让孩子拥有更多的自由和独立。我们告诉她，只要孩子开始哮喘，她就应该离开屋子,因为她看到孩子喘不过气时完全无法客观地看问题。不到两周,弥尔顿就再也没有哮喘发作过,但他还没有放弃控制这个环境的希望。母亲不再对自己的哮喘感兴趣之后,他又想出了其他的办法,即强迫性地不断咳嗽,他母亲立即再次误解了。弥尔顿赢了,他之前每天哮喘五六次,现在他不停地咳嗽。之后他住院了,我们交代护士一定不要理睬他的咳嗽。他第一天入院的早上不停地咳嗽。这次我们跟孩子沟通得很好,我们给他一个听诊器,让他去给病房里的其他孩子"检查身体",这些病情很轻的孩子配合着我们的计划。这也许是弥尔顿第一次真正感到自己的重要性。我们在巡访时叫孩子也陪着,还问他是否认为某些孩子是可以治愈的。弥尔顿模仿一名在场的严肃的医生说,这个男孩病得很厉害,但他觉得可以治好这个病人。在其他人都生病时,医生却因为忙于治疗而没时间生病,弥尔顿对此印象很深。他这次回家之后咳嗽又开始了,但母亲看到在医院的情况后变得勇敢了,她对此不理不睬,弥尔顿很快就放弃了这种呼吸言语的独特表达。第二周他又出现了新的症状:做各种各样的鬼脸和面部抽搐。这种症状很有趣,因为他只在公共场所才发作,这让母亲无比尴尬。经过几个星期的治疗后,弥尔顿的这种症状又消失了。后来弥尔顿被送去了夏令营,还带了一封说明信给教导员。夏令营开始的几天他一直郁郁寡欢,不愿意吃饭,还惹了很多麻烦,最后因为完全无法适应夏令营生活而被送回了家。他回家之后变得更好动。在孩子跟心理医生进行好几次面谈之后,他终于相信夏令营生活会比待在家里好。他又回到了夏令营,在那个夏天更适应了露营,主要是因为其他孩子故意让他赢了几次比赛,他获得了运动方面的认可。秋天离开夏令营回家之后,弥尔顿已赢得了一定的自尊,开始全天去上学了。在儿童心理辅导诊所和老师的指导下,弥尔顿已经越来越适应学校生活了。